Livres sur le message de 1888

Christ et sa Justice

Édition Originale

Ellet J. Waggoner

LS Company

ISBN: 978-1-0882-1401-5

Copyright©2023

Contenu

Préface 5

Chapitre 1—Christ et sa Justice 6

Chapitre 2— Comment considérons-nous Christ? 8

Chapitre 3— Christ est-il Dieu? 9

Chapitre 4—Christ créateur 13

Chapitre 5— Christ est-il un être créé? 15

Chapitre 6—Dieu manifesté dans la chair 18

Chapitre 7— Importantes leçons pratiques 23

Chapitre 8— Christ le législateur 28

Chapitre 9— La Justice de Dieu 33

Chapitre 10— Le Seigneur notre Justice 40

Chapitre 11— Être accepté par Dieu 48

Chapitre 12— La Victoire de la Foi 54

Chapitre 13— Esclaves et hommes libres 59

Chapitre 14— Illustrations pratiques de la délivrance de l'esclavage 62

Préface

Un précieux trésor a été découvert par notre génération dans cet ouvrage qui est une véritable révélation de Christ. Il traverse des siècles de ténèbres spirituelles pour redécouvrir la puissance de la pure doctrine du Nouveau Testament : la justification par la foi.

Avec une honnêteté et une clarté remarquables et aussi avec amour, l'auteur met le doigt sur la véritable raison de nos défaites spirituelles -- l'incrédulité. Il démontre comment repousser l'effet paralysant du péché par la confiance que la bonne nouvelle est meilleure que nous le croyons. Dans ces lignes brille le Soleil de Justice.

Ce livre a déjà été largement diffusé dans le monde, en Amérique, en Australie, en Europe et en Afrique. C'est un ouvrage qui apporte de précieuses richesses au lecteur.

Ellet J. Waggoner (1855-1916) a abandonné une carrière lucrative pour se consacrer entièrement à prêcher Christ -- en tant qu'évangéliste, professeur, éditeur, missionnaire et écrivain. Il parle encore dans ce livre vibrant et aussi dans : « The Glad Tidings », un commentaire de l'épître aux Galates, d'une qualité et d'une beauté remarquables.

Chapitre 1—Christ et sa Justice

Dans le premier verset du troisième chapitre de l'épître aux Hébreux, nous trouvons une exhortation qui contient tous les ordres donnés aux chrétiens : « C'est pourquoi, frères saints, qui avez part à la vocation céleste, considérez l'apôtre et le souverain sacrificateur de la foi que nous professons, Jésus-Christ ». Il nous faut donc, comme la Bible le prescrit, considérer Christ constamment et intelligemment, tel qu'il est, et nous serons transformés en chrétiens parfaits, car « en le contemplant, nous sommes changés ».

Les serviteurs de l'Évangile ont un mandat inspiré pour garder ce thème, Christ, constamment devant le peuple-, et diriger son attention vers Lui seul. Paul dit aux Corinthiens: « Car je n'ai eu la pensée de savoir parmi vous autre chose que Jésus-Christ, et Jésus-Christ crucifié » (1 Corinthiens 2 :2); et il n'y a pas de raison de supposer que sa prédication devant les Corinthiens était différente en quoi que ce soit, de sa prédication ailleurs. En fait, il nous est dit que quand Dieu lui révéla son Fils, ce fut pour qu'il puisse le prêcher parmi les païens (Galates 1 :15-16); et le fait que la grâce lui avait été donnée « d'annoncer parmi les païens les richesses insondables de Christ » (Ephésiens 3 :8), fut la cause de sa joie.

Mais le fait que les apôtres firent du Christ le but central de leur prédication, n'est pas notre seule raison de l'exalter. Son nom est le seul nom sous le ciel, donné aux hommes, par lequel nous puissions être sauvés (Actes 4 :12). Christ lui-même déclara que personne « ne vient au Père que par moi » (Jean 14 :6). Il dit à Nicodème : « Et comme Moïse éleva le serpent dans le désert, il faut de même que le Fils de l'homme soit élevé, afin que quiconque croit en lui ait la vie éternelle. » (Jean 3 :14, 15). Cette « élévation » de Jésus, bien qu'elle se réfère à sa crucifixion, embrasse beaucoup plus que le simple fait historique ; elle signifie que Christ doit être « élevé » par tous ceux qui croient en Lui comme Rédempteur crucifié, dont la grâce et la gloire sont capables de suppléer à toutes les nécessités humaines ; cela signifie qu'il doit être élevé dans toute sa beauté et son pouvoir infinis comme « Dieu avec nous », afin que son divin attrait puisse ainsi nous amener tous à lui. « Et moi, quand je serai élevé de la terre, j'attirerai tous les hommes à moi » (Jean 12 :32).

L'exhortation à « considérer » Jésus, et aussi sa raison d'être, sont données dans Hébreux 12 :1-3 : « Nous donc aussi, puisque nous sommes environnés d'une si grande nuée de témoins, rejetons tout fardeau, et le péché qui nous enveloppe si facilement, et courons avec persévérance, dans la carrière qui nous est ouverte, ayant les regards sur Jésus, le chef et le consommateur de la foi, qui, en vue de la joie qui lui était réservée, a souffert la croix, méprisé l'ignominie, et s'est assis à la droite du trône de Dieu. Considérez, en effet, celui qui a supporté contre sa personne une telle opposition de la part des pêcheurs, afin que vous ne vous lassiez point, l'âme découragée ». C'est seulement en considérant Jésus, constamment et avec prières, comme il est révélé dans la Bible, que nous pouvons éviter de nous lasser de bien faire et de perdre courage en chemin.

Nous devrions considérer Jésus parce qu'en lui « sont cachés tous les trésors de la sagesse et de la science » (Colossiens 2 :3). Quiconque manque de sagesse est exhorté à la demander à Dieu, qui donne à tous les hommes libéralement et sans faire des reproches, et la promesse est qu'elle lui sera donnée ; mais la sagesse désirée ne peut être obtenue qu'en Christ. La sagesse qui ne vient pas de Christ ne peut conduire à lui, et n'est que folie ; car Dieu, la Source de toutes choses, est l'Auteur de la sagesse ; ignorer Dieu est la plus terrible des folies (Voir Romains 1 :21, 22) et tous les trésors de la sagesse et de la connaissance sont cachés en Christ, de sorte que celui qui possède seulement la sagesse de ce monde, en réalité ne connaît rien. Et puisque tout pouvoir dans le ciel et sur la terre est donné à Christ, l'apôtre Paul déclare que Christ est « la puissance de Dieu, et la sagesse de Dieu » (1 Corinthiens 2 :24).

Il y a un texte qui, en peu de mots, résume tout ce que Christ est pour l'homme, et montre le grand besoin que nous avons de considérer Jésus. « Or, c'est par lui que vous êtes en Jésus-Christ, lequel, de par Dieu, a été fait pour nous sagesse, justice et sanctification et rédemption » (1 Corinthiens 1 :30). Nous sommes ignorants, méchants, perdus ; Christ est pour nous sagesse, justice et rédemption. Quel changement que celui de passer de l'ignorance et du péché à la justification et à la rédemption ! L'aspiration ou le besoin le plus élevé des hommes ne peut être satisfait en dehors des limites de ce que Christ est pour nous, et de ce qu'il est, lui seul. C'est une raison suffisante pour que les yeux de tous soient toujours fixés sur lui.

Chapitre 2— Comment considérons-nous Christ?

Comment devrions-nous considérer Christ ? Tel qu'il s'est révélé lui-même au monde ; en accord avec le témoignage qu'il donna de lui-même. Dans le merveilleux discours du cinquième chapitre de Jean, Jésus dit : « Car, comme le Père ressuscite les morts et donne la vie, ainsi le Fils donne la vie à qui il veut. Le Père ne juge personne, mais il a remis tout jugement au Fils, afin que tous honorent le Fils comme ils honorent le Père. Celui qui n'honore pas le Fils, n'honore pas le Père qui l'a envoyé » (Jean 5 :21-23).

C'est à Christ qu'est confiée le plus grand privilège : celui de juger. Il doit recevoir le même honneur que celui qui est dû à Dieu, pour la raison qu'il est Dieu. Le disciple bien aimé apporte ce témoignage : « Au commencement était la Parole, et la Parole était avec Dieu, et la Parole était Dieu » (Jean 1 :1). Cette Parole divine n'est personne d'autre que Jésus-Christ, comme cela est montré au verset 14 : « La Parole a été faite chair, et elle a habité parmi nous, pleine de grâce et de vérité, et nous avons contemplé sa gloire, une gloire comme la gloire du Fils unique venu du Père ».

La Parole était « au commencement ». L'esprit de l'homme ne peut saisir la période de temps comprise dans cette expression. Il n'est pas donné à l'homme de connaître quand ou comment le Fils fut engendré ; mais nous savons qu'il était la Parole divine, non seulement avant qu'il vint sur cette terre pour mourir, mais avant même que le monde fût créé. Juste avant sa crucifixion, il pria : « Et maintenant toi, Père, glorifie moi auprès de toi-même de la gloire que j'avais auprès de toi avant que le monde fût » (Jean 17 :5). Et plus de sept cent ans avant sa première venue, son arrivée fut ainsi annoncée par la parole inspirée : « Et toi, Bethléhem Ephrata, petite entre les milliers de Juda, de toi sortira pour moi Celui qui dominera sur Israël, et dont l'origine remonte aux temps anciens, aux jours de l'éternité » (Michée 5 : 1). Nous savons que Christ était issu de Dieu, et qu'il venait de lui (Jean 8 :42), mais ceci remontait si loin dans les âges de l'éternité que c'est au-delà de la compréhension de l'esprit humain.

Chapitre 3— Christ est-il Dieu?

Dans beaucoup de passages de la Bible, Christ est appelé Dieu. Le psalmiste dit : « Dieu, Dieu, l'Eternel, parle, et convoque la terre, depuis le soleil levant jusqu'au soleil couchant. De Sion, beauté parfaite, Dieu resplendit. Il vient, notre Dieu, il ne reste pas en silence ; devant lui est un feu dévorant, autour de lui une violente tempête. Il crie vers les cieux en haut, et vers la terre, pour juger son peuple ; rassemblez-moi mes fidèles, qui ont fait alliance avec moi par le sacrifice ! Et les cieux publieront sa justice, car c'est Dieu qui est juge » (Psaume 50 :1-6).

Il est évident que ce passage se réfère à Christ, premièrement, par le fait déjà étudié, que tout jugement est confié au Fils, deuxièmement, parce qu'au second avènement de Christ, il envoie ses anges pour rassembler ses élus des quatre vents (Matthieu 24 :31) « Notre Dieu viendra, et ne gardera pas le silence ». Non ; car quand le Seigneur lui-même descendra du ciel, ce sera « à un signal donné, à la voix d'un archange, et au son de la trompette de Dieu » (1 Thessaloniciens 4 :16). Ce grand cri sera la voix du Fils de Dieu, qui sera entendu par tous ceux qui sont dans leur tombe, et qui entendront sa voix et en sortiront (Jean 5 :28, 29). Avec les justes vivants, ils seront élevés tous ensemble à la rencontre du Seigneur dans les airs et ils seront pour toujours avec le Seigneur (2 Thessaloniciens 2 :1 Cf. Psaume 50 :5 ; Matthieu 24 :31 ; 1 Thessaloniciens 4 :16).

« Lorsque le Seigneur Jésus apparaîtra du ciel avec les anges de sa puissance, au milieu d'une flamme de feu, pour punir ceux qui ne connaissent pas Dieu et ceux qui n'obéissent pas à l'Evangile de notre Seigneur Jésus » (2 Thessaloniciens 1 : 7, 8). Ainsi, nous savons que le Psaume 50 : 1-6, est une vivante description du second avènement de Christ pour le salut de son peuple. Quand il viendra, ce sera en tant que « Dieu Puissant » (Comparez avec Habakuk 3).

« Dieu Puissant » est un des titres légitimes de Christ. Longtemps avant la première venue du Christ, le prophète Esaïe réconforta Israël par ces paroles : « Car un enfant nous est né, un fils nous est donné ; et la domination reposera sur ses épaules ; on l'appellera Admirable, Conseiller, Dieu Puissant, Père éternel, Prince de la paix » (Esaïe 9 :5).

Ce ne sont pas simplement les mots d'Esaïe ; ce sont les paroles de l'Esprit de Dieu. Dieu, s'adressant directement à son Fils, lui donna le même titre. Dans le Psaume 45 :6, nous lisons : « Ton trône, ô Dieu, est à toujours ; le sceptre de ton règne est un sceptre d'équité ». Celui qui lit d'une façon superficielle pourrait prendre ceci comme étant l'attribution de louanges à Dieu ; mais quand nous allons au Nouveau Testament, nous découvrons que c'est Dieu le Père qui parle, qu'il s'adresse au Fils et l'appelle Dieu. (Lire Hébreux 1 :1-9).

Ce nom ne fut pas donné à Christ comme conséquence d'un grand exploit, mais il est à lui par droit d'héritage. Parlant de la puissance et de la grandeur de Christ, l'auteur de l'épître aux Hébreux dit qu'il est « devenu d'autant supérieur aux anges, qu'il a hérité d'un nom plus excellent que le leur » (Hébreux 1 :4). Un fils prend toujours légitimement le nom de son père ; et Christ, en tant que Fils unique de Dieu a légitimement le même nom. Un fils est aussi plus ou moins une reproduction du père ; il a, dans une certaine mesure, les traits et les caractéristiques personnelles de son père ; pas parfaitement, parce qu'il n'y a pas de reproduction parfaite dans le genre humain. Mais il n'y a pas d'imperfection en Dieu, ni dans aucune de ses oeuvres ; de sorte que Christ est « l'empreinte même » de la personne du Père (Hébreux 1 :3). Etant le fils de Dieu qui existe par lui-même, il a par nature, tous les attributs de la Divinité.

Il est vrai qu'il y a beaucoup de fils de Dieu ; mais Christ est « le Fils unique de Dieu », et par conséquent, le fils de Dieu dans le sens où personne ne le fut jamais ou ne pourra jamais l'être. Les anges sont Fils de Dieu comme le fut Adam, (Job 38 :7, Luc 3 :38) par création ; les chrétiens sont fils de Dieu par adoption (Romains 8 :14, 15) ; mais Christ est le fils de Dieu par naissance. L'auteur de l'épître aux Hébreux montre que la position du Fils de Dieu n'est pas une position à laquelle Christ fut élevé, mais il la possède de droit. Il dit que Moïse fut fidèle dans toute la maison de Dieu, comme serviteur, « mais Christ l'est comme Fils sur sa maison » (Hébreux 3 :6). Et il déclare aussi que Christ est le Bâtisseur de la maison (verset 3). C'est lui qui construit le temple de l'Eternel, et y apporte la gloire (Zacharie 6 :12, 13).

Christ lui-même enseigna de la manière la plus expresse qu'il est Dieu. Quand le jeune homme vint demander : « Bon Maître, que dois-je faire pour hériter la vie éternelle ? », Jésus, avant de répondre à cette question, dit « Pourquoi m'appelles-tu bon ? Un seul est bon, c'est Dieu » (Marc 10 :17, 18). Que voulait dire Jésus par ces mots ? Voulait-il dire qu'il désavouait cette épithète que le jeune homme lui attribuait? Voulait-il insinuer qu'il n'était pas absolument bon ? Etait-ce un modeste rabaissement de lui-même ? Pas du tout ; car Christ était absolument bon. Il dit hardiment aux Juifs, qui constamment l'observaient pour trouver en lui une faute pour l'accuser : « Lequel d'entre vous me convaincra de péché ? » (Jean 8 :46). Dans toute la nation juive, on ne pouvait trouver personne qui l'ait jamais vu faire quelque chose ou l'ait entendu prononcer un mot qui soit même un semblant de péché ; et ceux qui étaient déterminés à le condamner, pouvaient seulement le faire en payant de faux témoins. Pierre dit : « Celui qui n'a point commis de péché, et dans la bouche duquel il ne s'est trouvé aucune fraude » (1 Pierre 1 :22). Paul dit : « Celui qui n'a point connu le péché » (2 Corinthiens 5 :21). Le Psalmiste dit : « C'est lui qui est mon rocher, il n'y a point en lui d'injustice » (Psaume 92 :15). Et Jean dit : « Or vous savez que Christ a paru pour ôter les péchés, et qu'il n'y a point de péché en lui » (1 Jean 3 :5).

Christ ne peut pas se renier lui-même, donc il ne pouvait pas dire qu'il n'était pas bon. Il est et était absolument bon, la perfection de la bonté. Et puisque personne n'est bon, sauf Dieu, et que le Christ est bon, il s'ensuit que Christ est Dieu, et que c'est ce qu'il voulait démontrer au jeune homme riche.

C'était ce qu'il enseigna à ses disciples. Quand Philippe dit à Jésus : « Montre-nous le Père ». Jésus lui dit : « Il y a si longtemps que je suis avec vous, et tu ne n'as pas connu, Philippe ! Celui qui m'a vu, a vu le Père. Comment dis-tu : montre-nous le Père ! » (Jean 14 :8,9). Ceci est aussi fort que quand il dit : « Moi et le Père, nous sommes un » (Jean 10 :30). Christ était Dieu d'une façon si véritable, même quand il était parmi les hommes, que quand on lui demandait de montrer le Père, il pouvait dire : « regardez-moi ». Et ceci nous rappelle l'affirmation du Père quand il introduisit le premier-né dans le monde, il dit : « Que tous les anges de Dieu l'adorent » (Hébreux 1 :6). Ce ne fut pas simplement quand le Christ partageait la gloire de son Père avant que le monde fût, qu'il avait droit aux hommages ; mais quand il vint comme un bébé à Bethléhem, même à cette époque, tous les anges de Dieu reçurent l'ordre de l'adorer.

Les Juifs comprirent l'enseignement de Christ au sujet de lui-même. Quand il déclara qu'il était un avec le Père, les Juifs prirent des pierres pour le lapider ; et quand il leur demanda pour laquelle de ses bonnes oeuvres ils cherchaient à le lapider, ils répondirent : « Ce n'est pas pour une bonne oeuvre que nous te lapidons, mais pour un blasphème, parce que, étant homme, tu te fais Dieu » (Jean 10 :33). S'il avait été un simple homme, comme ils le considéraient, ses paroles auraient été en effet un blasphème ; mais il était Dieu.

Le but de Christ en venant sur la terre, était de révéler Dieu aux hommes, afin qu'ils puissent venir à lui. C'est pour cela que l'apôtre Paul dit que « Dieu était en Christ, réconciliant le monde avec lui-même » (2 Corinthiens 5 :19) ; et dans Jean, nous lisons que la Parole, qui était Dieu, fut « faite chair » (Jean 1 :1, 14). Dans le même contexte, il est spécifié que : « Personne n'a jamais vu le Père, le Fils unique, qui est dans le sein du Père, est celui qui nous l'a fait connaître » (Jean 1 :18).

Notons cette expression : « Le Fils unique, qui est dans le sein du Père ». C'est là qu'est sa demeure, et il est là comme une partie de la Divinité, aussi sûrement sur la terre qu'au ciel. L'emploi du temps présent implique une existence continuelle. C'est la même idée qui est contenue dans la déclaration de Jésus aux Juifs « Avant qu'Abraham fût, Je Suis » (Jean 8 :58). Et ceci montre encore son identité avec celui qui apparut à Moïse dans le buisson ardent, et qui déclara que son nom est « Je Suis Celui qui Suis » (Exode 3 :14).

Et finalement, nous avons les mots inspirés de l'apôtre Paul concernant Jésus-Christ : «qu'il a plu au Père de faire habiter en lui toute la plénitude » (Colossiens 1 :19). Quelle est cette plénitude qui habite en Christ ? Nous l'apprenons dans le chapitre suivant où il nous est dit que : « en lui habite toute la plénitude de la Divinité » (Colossiens 2 :9). C'est un témoignage absolu et sans équivoque que Jésus-Christ possède par nature tous les attributs de la Divinité. La Divinité de Christ apparaîtra aussi très distinctement au fur et à mesure que nous considérerons Christ comme Créateur.

Chapitre 4—Christ créateur

Immédiatement après le texte bien connu qui dit que Christ, la Parole, est Dieu, nous lisons que « toutes choses furent faites par elle et rien de ce qui a été fait, n'a été fait sans elle » (Jean 1 :3). Nous ne pouvons pas rendre cette déclaration plus claire qu'elle ne l'est, aussi nous passons à Hébreux 1 :2-4 : « Dieu, dans ces derniers temps, nous a parlé par le Fils, qu'il a établi héritier de toutes choses, par lequel il a aussi créé le monde, et qui étant le reflet de sa gloire et l'empreinte de sa personne, et soutenant toutes choses par sa parole puissante, a fait la purification des péchés et s'est assis à la droite de la majesté divine dans les lieux très hauts, devenu d'autant supérieur aux anges qu'il a hérité d'un nom plus excellent que le leur ».

Les paroles de l'apôtre Paul aux Colossiens sont encore plus emphatiques. Parlant de Christ comme de celui par qui nous recevons la rédemption, il le décrit comme : « l'image du Dieu invisible, le premier-né de toute la création. Car en lui ont été créées toutes choses dans les cieux et sur la terre, les visibles et les invisibles, trônes, dignités, dominations, autorités. Tout a été créé par lui et pour lui ; il est avant toutes choses, et toutes choses subsistent en lui » (Colossiens 1 :15-17).

Ce texte merveilleux doit être soigneusement étudié et souvent médité. Il n'y a rien dans l'univers que Christ n'ait créé. Il fit toute chose dans le ciel et sur la terre ; il créa toutes les choses que nous pouvons voir, et toutes les choses que nous ne pouvons pas voir : les trônes et les dominations, les autorités et les puissances dans les cieux ; tout dépend de lui pour son existence. Comme il est avant toutes choses et qu'il est leur créateur, ainsi par lui toutes choses existent et subsistent. Ceci équivaut à ce qui est écrit dans Hébreux 1 :3, qu'il soutient toutes choses par sa parole puissante. C'est par une parole que les cieux furent créés, et la même parole les maintient en place et les préserve de la destruction.

Nous ne pouvons pas omettre cette déclaration d'Esaïe 40 :25-26 : « A qui donc pourriez-vous me comparer ? Qui peut m'égaler, dit le Saint ? Levez les yeux en haut et regardez : Qui a créé ces choses ? C'est celui qui fait marcher leur armée en bon ordre, et qui les appelle toutes par leur nom. Telle est la grandeur de son pouvoir et de sa force souveraine, que pas une ne refuse de lui obéir ». Ou comme la traduction juive le rend avec plus de force « de lui, qui est grand en puissance, et fort en pouvoir, aucune n'échappe ». Que Christ est le seul Saint qui appelle les armées du ciel par leur nom, et les maintient en place, est évident d'après d'autres portions du même chapitre. Il est le seul dont il fut dit : « Prépare le chemin du Seigneur, rend droite, dans le désert, la route pour notre Dieu ». Il est le Seul qui vient avec une main forte, et qui apporte sa récompense avec lui. Il est le Seul qui, comme berger, nourrit son troupeau, et porte les agneaux dans son sein.

Encore une affirmation concernant Christ comme Créateur doit suffire. C'est le témoignage du Père lui-même. Dans le premier chapitre de l'épître aux Hébreux, nous lisons que Dieu nous a parlé par son Fils et qu'il dit de lui, « que tous les anges de Dieu l'adorent » ; des anges, il dit : « il fait de ses anges des vents et de ses serviteurs une flamme de feu » ; mais quand il parle de son Fils, il dit : « Toi, Seigneur qui, tu as au commencement fondé la terre, et les cieux sont l'oeuvre de tes mains » (Hébreux 1 :8-10). Ici, nous trouvons Dieu le Père parlant au Fils comme à Dieu, et lui disant : Tu as posé les fondations de la terre, et les cieux sont l'oeuvre de tes mains. Quand le Père lui-même témoigne un tel honneur au Fils, qu'est-ce que l'homme pour le lui refuser ? Donc, nous pouvons fort bien en finir avec ce témoignage direct concernant la Divinité de Christ, et le fait qu'il est le Créateur de toutes choses.

Un avertissement est peut être nécessaire ici. Que personne ne s'imagine que nous voudrions exalter Christ au détriment du Père, ou que nous voudrions ignorer le Père. C'est impossible, car leurs intérêts sont un. Nous honorons le Père en honorant le Fils. Rappelons-nous des paroles de Paul : « pour nous, il n'y a qu'un seul Dieu, le Père, de qui procèdent toutes choses, et nous sommes en lui ; et qu'il n'y a qu'un seul Seigneur, Jésus-Christ, par qui sont toutes choses, et nous sommes par lui » (1 Corinthiens 8 :6) ; comme nous l'avons déjà citée, c'est par lui que Dieu créa les mondes. Toutes choses, en fin de compte, proviennent de Dieu le Père ; même Christ lui-même tira son origine et vint du Père ; mais il a plu au Père qu'en lui habitât toute plénitude, et qu'il fût l'Agent direct et immédiat de chaque acte de la création. Notre but dans cette recherche est d'établir la juste position d'égalité de Christ avec le Père, afin que sa puissance pour racheter puisse être mieux appréciée.

Chapitre 5— Christ est-il un être créé?

Avant de passer à quelques-unes des leçons pratiques que l'on doit tirer de ces vérités, nous devons nous arrêter quelques instants sur une opinion qui est honnêtement soutenue par beaucoup qui ne voudraient pas déshonorer Christ volontairement, mais qui, à cause de cette opinion, nient réellement sa Divinité. C'est l'idée que le Christ est un être créé, qui, par le bon plaisir de Dieu, fut élevé à sa sublime position présente. Aucune personne partageant cette opinion ne peut vraiment avoir une juste conception de la position élevée que Christ occupe réellement.

L'opinion en question est basée sur ne mauvaise interprétation du seul texte d'Apocalypse 3 :14 : « Ecris aussi à l'ange de l'église de Laodicée : Voici ce que dit l'Amen, le témoin fidèle et véritable, le commencement de la création de Dieu ». Ceci est faussement interprété, comme voulant dire que Christ est le premier être que Dieu créa ; que l'oeuvre de création de Dieu commença par lui. Mais cette opinion est contraire aux textes de l'Ecriture qui déclarent que Christ lui-même créa toutes choses. Dire que Dieu commença son oeuvre de création en créant Christ, c'est laisser Christ entièrement en dehors de l'oeuvre de la création.

Le mot traduit par « commencement » est « arche » qui signifie « tête » ou « chef ». Il figure dans le nom du gouverneur grec Archonte, dans archevêque, et dans le mot archange. Voyons cette dernière parole. Christ est l'Archange. Voir Jude 9 ; 1 Thessaloniciens 4 :16 ; Jean 5 :28, 29 ; Daniel 10 :21. Cela ne veut pas dire qu'Il est le premier des anges, car Il n'est pas un ange, mais qu'Il est au-dessus d'eux. Ceci signifie qu'il est le chef ou le prince des anges, exactement comme un archevêque est le chef des évêques. Christ est le « chef » des anges (voir Apocalypse 19 :11-14). Il créa les anges (Colossiens 1 :16). De même, l'affirmation qu'il est le commencement ou le chef de la création de Dieu, signifie qu'en lui la création trouva son commencement ; que comme lui-même le dit, il est l'Alpha et l'Oméga, le commencement et la fin, le premier et le dernier (Apocalypse 21 :6 ; 22 :13). Il est la source où toutes choses trouvent leur origine.

Nous ne devons pas non plus imaginer que Christ est une créature, parce que Paul l'appelle : « le premier-né de toute la création » (Colossiens 1 :15), car les versets suivants indiquent qu'il est le créateur, et non une créature. « Car c'est par lui qu'ont été créées toutes choses dans les cieux et sur la terre, les visibles et les invisibles, trônes, dignités, dominations, autorités. Tout a été créé par lui et pour lui. Il est avant toutes choses, et toutes choses subsistent en lui ». Or, s'il créa toutes les choses qui furent jamais créées, et s'il existait avant toutes choses créées, il est évident qu'Il ne fait pas parti des choses créés. Il est au-dessus de toute la création, et il n'est pas une partie de cette création.

Les Ecritures déclarent que Christ est « l'unique Fils de Dieu ». Il est engendré, et non créé. Quant à savoir quand il fut engendré, ce n'est pas à nous de faire des investigations à ce sujet, et notre esprit ne pourrait pas le comprendre si cela nous était expliqué. Le prophète Michée nous dit tout ce que nous pouvons connaître sur ce sujet, par ces mots : « Et toi, Bethléhem Ephrata, petite entre les milliers de Juda, de toi sortira pour moi Celui qui dominera sur Israël, et dont l'origine remonte aux temps anciens, aux jours de l'éternité » (Michée 5 :1, 2). Il y a eu une époque où Christ parut venant de Dieu, du sein du Père (Jean 8 :42 ; 1 :18), mais cette époque était si loin dans le passé, dans les jours de l'éternité, que pour une compréhension limitée, cette époque est pratiquement sans commencement.

Mais l'important est que le Christ est l'unique Fils de Dieu et non un sujet créé. Il possède par héritage un nom plus excellent que celui des anges ; il est un fils dans sa propre maison (Hébreux 1 :4 ; 3 :6). Et puisqu'il est le Fils unique de Dieu, il est de la même substance et nature que Dieu, et possède par naissance tous les attributs de Dieu ; parce qu'il plût au Père que son Fils soit l'image exacte de sa Personne, l'éclat de sa gloire, et soit rempli de toute la plénitude de la Divinité. Ainsi, il a la « vie en lui-même » ; il possède l'immortalité en vertu de son propre droit, et peut l'accorder aux autres. La vie est naturelle en lui, donc elle ne peut lui être enlevée ; mais ayant volontairement donné sa vie, il peut la reprendre. Il dit « voici pourquoi le Père m'aime : c'est parce que je donne ma vie, afin de pouvoir la reprendre. Personne ne me l'ôte, mais je la donne de moi-même ; j'ai le pouvoir de la donner, et j'ai le pouvoir de la reprendre : j'ai reçu cet ordre de mon Père » (Jean 10 :17, 18).

Si quelqu'un oppose la vieille objection, à savoir : Comment Christ pouvait-il être immortel et cependant mourir ?, nous devons simplement dire que nous ne savons pas. Nous ne prétendons pas tout comprendre sur l'infini. Nous ne pouvons pas comprendre comment Christ pouvait être Dieu au commencement, partageant la même gloire avec le Père avant que le monde fût, et cependant naître comme un bébé à Bethléhem. Le mystère de la crucifixion et de la résurrection n'est que le mystère de l'incarnation. Nous ne pouvons pas comprendre comment Christ pouvait être Dieu et se faire homme pour notre bien. Nous ne pouvons pas comprendre comment il put créer le monde avec rien, ni comment il put ressusciter les morts, ni encore comment il peut agir par son Esprit dans nos propres coeurs ; cependant, nous croyons et nous connaissons ces choses. Il devrait être suffisant pour nous d'accepter comme vérité ce que Dieu a révélé, sans trébucher sur des choses que l'intelligence ne peut pas comprendre. Aussi, nous nous réjouissons dans le pouvoir infini et la gloire que les Ecritures déclarent appartenir à Christ, sans tourmenter notre esprit limité dans une vaine tentative d'explication de l'infini.

Finalement, nous connaissons l'unité divine du Père et du Fils du fait que tous les deux ont le même esprit. Paul, après avoir dit que ceux qui sont dans la chair ne peuvent plaire à Dieu, continue : « pour vous, vous ne vivez pas selon la chair, mais selon l'esprit, s'il est vrai que l'esprit de Dieu habite en vous ; mais si quelqu'un n'a pas l'esprit de Christ, il n'est point à lui » (Romains 8 :9). Ici, nous découvrons que le Saint-Esprit est l'esprit de Dieu et l'esprit de Christ. Christ « est dans le sein du Père » ; étant par nature de la substance même que Dieu, et ayant la vie en lui-même, il est à juste titre appelé Jéhova, le seul existant par lui-même, et dans Jérémie 23 :6, il est dit de lui, qu'un germe juste exécutera le jugement et la justice sur la terre, sera connue sous le nom de Jéhova-tsidekenu « l'Eternel notre justice ».

Que personne donc, qui prétend honorer le Christ, ne lui accorde moins d'honneur qu'il n'en accorde au Père, car ce serait déshonorer le Père. Que tous, avec les anges du ciel, adorent le Fils, sans crainte d'adorer et de servir la créature au lieu du Créateur.

Et maintenant, tandis que la vérité de la divinité de Christ est claire dans notre esprit, arrêtons-nous pour considérer la merveilleuse histoire de son humiliation.

Chapitre 6—Dieu manifesté dans la chair

« La parole a été faite chair ; elle a habité parmi nous » (Jean 1 :14). Aucune expression ne pouvait plus clairement montrer que Christ était à la fois Dieu et homme. A l'origine, seulement divin, il prit sur lui-même la nature humaine, et vécut parmi les hommes comme un simple mortel, excepté à certaines occasions, où Sa divinité éclata, comme lors de la purification du temple, ou quand ses paroles brûlantes de vérité simple, forçaient même ses ennemis à confesser que « jamais homme n'a parlé comme cet homme ».

L'humiliation, à laquelle Christ se soumit volontairement, est très bien exprimée par Paul dans son épître aux Philippiens (2 :5-8) : « Ayez en vous les sentiments qui étaient en Jésus-Christ, lequel, existant en forme de Dieu, n'a point regardé comme une proie à arracher d'être égal avec Dieu, mais s'est dépouillé lui-même, en prenant une forme de serviteur, en devenant semblable aux hommes ; et ayant paru comme un simple homme, il s'est humilié lui-même, se rendant obéissant jusqu'à la mort, même jusqu'à la mort de la croix ».

L'idée est que, bien que Christ fut en forme de Dieu, étant « l'éclat de sa gloire, et l'image exacte de sa personne » (Hébreux 1 :3), ayant tous les attributs de Dieu, étant le souverain de l'univers, et l'Unique que tous les cieux sont ravis d'honorer, il ne pensa pas qu'aucune de ces choses devaient être désirées, aussi longtemps que les hommes étaient perdus et sans force. Il ne pouvait pas jouir de sa gloire tandis que l'homme était un proscrit, sans espérance. Aussi, il s'anéantit lui-même, se dépouilla de toutes ses richesses et de sa gloire, et prit sur lui la nature de l'homme, afin de pouvoir le racheter. Et ainsi, nous pouvons harmoniser l'unité de Christ avec le Père, par la déclaration : « mon Père est plus grand que moi ».

Il est impossible pour nous de comprendre comment Christ put, étant Dieu, s'humilier lui-même jusqu'à la mort de la croix, et il est plus qu'inutile de spéculer sur ce sujet. Tout ce que nous pouvons faire c'est accepter les faits tels qu'ils sont présentés dans la Bible. Si le lecteur trouve difficile d'harmoniser certaines déclarations de la Bible concernant la nature de Christ, qu'il se souvienne qu'il serait impossible de l'exprimer dans des termes qui permettraient à des esprits limités de la comprendre pleinement. De même que la greffe des gentils dans le tronc d'Israël est contraire à la nature, de même l'économie divine est un paradoxe pour l'intelligence humaine.

Nous citerons d'autres textes qui nous conduiront plus près de l'humanité de Christ, et de ce qu'elle signifie pour nous. Nous avons déjà lu que « la parole fut faite chair », et maintenant, nous lirons ce que Paul dit concernant la nature de cette chair. « Car, chose impossible à la loi, parce que la chair la rendait sans force, Dieu a condamné le péché dans la chair, en envoyant, à cause du péché, son propre Fils dans une chair semblable à celle du péché, et cela afin que la justice de la loi fût accomplie en nous, qui marchons, non selon la chair, mais selon l'esprit » (Romains 8 :3, 4).

Il nous suffira de réfléchir un peu pour comprendre que si Christ prit sur lui la ressemblance de l'homme afin de le racheter, il a dû être rendu semblable à l'homme pécheur, puisque c'est l'homme pécheur qu'il vint racheter. La mort ne pouvait pas avoir de pouvoir sur un homme sans péché, comme Adam l'était en Eden ; et elle n'aurait pu avoir aucun pouvoir sur le Christ, si le Seigneur n'avait pas mis sur lui l'iniquité de nous tous. Et qui plus est, le fait que Christ revêtit lui-même la chair, non d'un être sans péché, mais d'un homme pécheur, c'est-à-dire que la chair qu'il assuma avait toutes les faiblesses et les tendances pécheresses auxquelles la nature humaine déchue est sujette, est montrée par l'affirmation qu'il « fut fait de la semence de David selon la chair ». David avait toutes les passions de la nature humaine. Il dit de lui-même : « Voici, je suis né dans l'iniquité, et ma mère m'a conçu dans le péché » (Psaume 51 :7).

La déclaration suivante de l'épître aux Hébreux est très claire sur ce point : « car assurément ce n'est pas à des anges qu'il vient en aide, mais c'est à la postérité d'Abraham. En conséquence, il a dû être rendu semblable en toutes choses à ses frères, afin qu'il fût un souverain sacrificateur miséricordieux et fidèle dans le service de Dieu, pour faire l'expiation des péchés du peuple ; car, ayant été tenté lui-même dans ce qu'il a souffert, il peut secourir ceux qui sont tentés » (Hébreux 2 :16-18).

S'il fut fait en toutes choses semblable à ses frères, alors il a dû souffrir de toutes les infirmités, et être sujet à toutes les tentations de ses frères. Deux autres textes qui montrent très clairement ce sujet donneront une évidence suffisante sur ce point. Nous citons d'abord 2 Corinthiens 5 :21 : « Celui qui n'a point connu le péché, il l'a fait devenir péché pour nous, afin que nous devenions en lui justice de Dieu ».

Ceci est beaucoup plus fort que l'affirmation qu'il fut fait « à la ressemblance de la chair pécheresse ». Il fut fait péché. Voici le même mystère que celui de la mort du Fils de Dieu. L'Agneau de Dieu sans tache, qui ne connut pas le péché, fut fait péché. Sans péché ; cependant, il ne fut pas seulement considéré comme pécheur, mais il prit réellement la nature pécheresse sur lui. Il fut fait péché de telle sorte que nous puissions être faits justice. Aussi, Paul dit aux Galates « mais, lorsque les temps ont été accomplis, Dieu a envoyé son Fils, né d'une femme, né sous la loi, afin que nous reçussions l'adoption » (Galates 4 :4, 5).

« Car, ayant été tenté lui-même dans ce qu'il a souffert, il peut secourir ceux qui sont tentés » (Hébreux 2 :18). « Car nous n'avons pas un souverain sacrificateur qui ne puisse compatir à nos faiblesses ; au contraire, il a été tenté comme nous en toutes choses, sans commettre de péché. Approchons-nous donc avec assurance du trône de la grâce, afin d'obtenir miséricorde et de trouver grâce, pour être secourus dans nos besoins » (Hébreux 4 :15-16).

Encore un point, et alors nous pourrons apprendre la leçon entière en relation avec le fait que « la parole fut faite chair et habita parmi nous ». Comment se fait-il que « la faiblesse est aussi son partage » (Hébreux 5 :2), et cependant, ne pas connaître le péché ?

Certains ont pu penser en lisant tout ceci, que nous déprécions le caractère de Jésus, en l'abaissant au niveau de l'homme pécheur. Au contraire, nous exaltons simplement le pourvoir divin de notre Sauveur béni qui descendit volontairement au niveau de l'homme pécheur, afin d'élever l'homme jusqu'à Sa pureté sans tache, qu'il conserva dans les circonstances les plus adverses. Son humanité voila seulement sa nature divine, par laquelle il était inséparablement relié au Dieu invisible, et qui était plus que capable de résister avec succès aux faiblesses de la chair. Il eut a lutter durant toute sa vie. La chair, animée par l'ennemi de toute justice, tendait à pécher, cependant sa nature divine n'hébergea jamais, ne serait-ce qu'un instant, un mauvais désir, et sa puissance divine ne vacilla jamais. Ayant souffert dans la chair tout ce que les hommes peuvent souffrir, il remonta vers le trône du Père aussi immaculé que lorsqu'il quitta les cours de gloire. Quand il reposa dans la tombe, sous la puissance de la mort, « il fut impossible qu'il soit retenu par elle parce qu'il ne connut pas le péché ».

Mais certains diront : « Je ne vois là aucun encouragement pour moi. C'est certain, je dispose d'un exemple, mais je ne peux pas le suivre, car je n'ai pas la puissance que Christ avait. Il était Dieu, même quand il était ici sur la terre ; moi, je ne suis qu'un homme ». Oui, mais vous pouvez avoir le même pouvoir qu'il avait, si vous le voulez. Il était « lui-même sujet à l'infirmité » (Hébreux 5 :2), cependant, il ne pécha point parce que la puissance divine habitait constamment en lui. Maintenant, lisons les paroles inspirées de l'apôtre Paul, et voyons quel est votre privilège : « A cause de cela, je fléchis les genoux devant le Père, duquel tire son nom toute famille dans les cieux et sur la terre, afin qu'il vous donne, selon la richesse de sa gloire, d'être puissamment fortifiés par son Esprit dans l'homme intérieur, en sorte que Christ habite dans vos coeurs par la foi ; afin qu'étant enracinés et fondés dans l'amour, vous puissiez comprendre avec tous les saints quelle est la largeur, la longueur, la profondeur et la hauteur, et connaître l'amour de Christ, qui surpasse toute connaissance, en sorte que vous soyez remplis jusqu'à toute la plénitude de Dieu » (Ephésiens 3 :14-19).

Peut-on demander plus ? Christ, en qui habite toute la plénitude de la Divinité corporellement peut habiter dans notre coeur, pour que nous puissions être remplis de toute la plénitude de Dieu. Quelle merveilleuse promesse ! Il est « touché par le sentiment de notre infirmité ». C'est-à-dire, ayant souffert tout ce que la chair pécheresse hérite, il connaît tout, et il s'identifie si étroitement avec ses enfants, que tout ce qui pèse sur eux, retombe également sur Lui, et Il sait combien la puissance divine est nécessaire pour résister à la chair pécheresse ; et si nous désirons sincèrement refuser l'impiété et les convoitises de ce monde, il est capable et désireux de nous donner la force « surpassant abondamment tout ce que nous demandons ou pensons ». Toute la puissance qui demeurait en Christ par nature, nous pouvons l'avoir en nous par grâce, car il nous la donne gratuitement et sans mesure.

Alors, que les âmes fatiguées, faibles, et opprimées par le péché, prennent courage. Qu'elles « viennent sans crainte au trône de la grâce » où elles sont certaines de trouver la grâce pour les aider au moment du besoin, parce que ce besoin est ressenti par notre Sauveur au moment même où il se manifeste. Il est « touché par le sentiment de notre infirmité ». S'il avait simplement souffert il y a mille huit cents ans, nous pourrions craindre qu'il ait oublié certaines de ces infirmités ; mais non, la tentation même qui vous opprime, le touche aussi. Ses blessures sont toujours vives, et il subsiste toujours pour intercéder pour vous.

Quelles merveilleuses possibilités il y a pour le chrétien ! Quelles hauteurs de sainteté il peut atteindre ! Quelle que soit la lutte que Satan peut mener contre lui en l'assaillant là où la chair est la plus faible, il peut demeurer à l'ombre du Tout-Puissant, et être rempli de la plénitude de la force de Dieu. Celui qui est plus fort que Satan, peut habiter dans son coeur continuellement ; et alors, tout en considérant les attaques de Satan comme du haut d'une solide forteresse, il peut dire : « Je puis tout par Celui qui me fortifie » (Philippiens 4 :13).

Chapitre 7— Importantes leçons pratiques

Ce n'est pas seulement le titre d'une théorie agréable, ou un simple dogme, qui nous fait considérer Christ comme Dieu et Créateur. Chaque doctrine de la Bible est pour notre bénéfice pratique, et doit être étudiée dans ce but.

Voyons premièrement par quelle relation cette doctrine rejoint le commandement central de la loi de Dieu. Dans Genèse 2 :1-3, nous trouvons ces mots clôturant le récit de la création : « Ainsi furent achevés les cieux et la terre, et toute leur armée. Dieu acheva au septième jour son oeuvre, qu'il avait faite ; et il se reposa au septième jour de toute son oeuvre, qu'il avait faite. Dieu bénit le septième jour, et il le sanctifia, parce qu'en ce jour il se reposa de toute son oeuvre qu'il avait créée en la faisant ». La traduction juive rend ce texte plus littéralement : « Ainsi furent finis les cieux et la terre et toute leur armée, et Dieu avait fini le septième jour son oeuvre qu'il avait faite » etc. Ce sont les mêmes mots que nous trouvons dans le quatrième commandement (Exode 20 : 8-11).

Nous voyons donc, et c'est très logique, que le même Etre qui créa, se reposa. Celui qui oeuvra six jours en créant la terre, se reposa le septième jour, le bénit, et le sanctifia. Mais nous avons déjà vu que Dieu le Père créa les mondes par son Fils Jésus-Christ, et que Christ créa tout ce qui existe. Donc, il est inévitable de conclure que Christ se reposa ce premier septième jour de la création, à la fin des six jours de la création, et qu'il le bénit et le sanctifia. Ainsi le septième jour –le Sabbat- est à proprement parler, le jour du Seigneur. Quand Jésus dit aux pharisiens critiques « car le Fils de l'homme est le maître du Sabbat » (Matthieu 12 :8), il déclara sa souveraineté sur le jour même qu'ils observaient si scrupuleusement dans la forme ; et il dit ceci en des termes qui montrent qu'il considérait ce jour comme la marque distinctive de son autorité, démontrant le fait qu'Il était plus grand que le temple. Aussi, le septième jour est établi divinement comme le mémorial de la création. Il est le plus honoré de tous les jours, puisque sa mission spéciale est de faire penser à l'oeuvre créative de Dieu, qui est la preuve unique pour l'homme de Sa Divinité. Et lorsque le Christ dit que le Fils de l'homme est Seigneur même du jour du Sabbat, il revendique une haute distinction –rien moins que celle d'être le Créateur, ce jour demeurant comme un mémorial de Sa divinité.

Comment répondrons-nous donc à la suggestion souvent faite, que Christ déplaça le jour du Sabbat, d'un jour qui commémore la fin de la création à un jour qui n'a pas une telle signification ? Simplement, que changer ou abolir le Sabbat, équivaudrait à détruire ce qui fait penser à sa divinité. Si Christ avait aboli le Sabbat, il aurait détruit l'oeuvre de ses propres mains, et il aurait travaillé contre lui-même ; et un royaume divisé contre lui-même ne peut pas subsister. Mais Christ « ne peut pas se renier lui-même », par conséquent, il ne changea pas un seul trait de lettre de ce qu'il avait lui-même établi, et en témoignant de sa Divinité, il montre qu'il est digne de recevoir un honneur au-dessus de tous les dieux des païens. Il aurait été tout aussi impossible pour Christ de changer le Sabbat, qu'il aurait été impossible de changer le fait qu'il créa toutes les choses en six jours, et se reposa le septième jour.

Et encore, les déclarations souvent répétées que le Seigneur est le créateur, sont voulues pour être une source de force. Remarquons comment la création et la rédemption sont mises en relation dans le premier chapitre de l'épître aux Colossiens. Pour comprendre cette vérité, nous lirons les versets 9 à 19 :

« C'est pour cela que nous aussi, depuis le jour où nous en avons été informés, nous ne cessons de prier Dieu pour vous, et de demander que vous soyez remplis de la connaissance de sa volonté, en toute sagesse et intelligence spirituelle, pour marcher d'une manière digne du Seigneur et lui être entièrement agréables, portant des fruits en toutes sortes de bonnes oeuvres et croissant par la connaissance de Dieu, fortifiés à tous égards par sa puissance glorieuse, en sorte que vous soyez toujours et avec joie persévérants et patients. Rendez grâce au Père, qui vous a rendus capables d'avoir part à l'héritage des saints dans la lumière, qui nous a délivrés de la puissance des ténèbres et nous a transportés dans le royaume du Fils de son amour, en qui nous avons la rédemption, la rémission des péchés. Il est l'image du Dieu invisible, le premier-né de toute la création. Car en lui ont été créées toutes les choses qui sont dans les cieux et sur la terre, les visibles et les invisibles, trônes, dignités, dominations, autorités. Tout a été créé par lui et pour lui. Il est avant toutes choses, et toutes choses subsistent en lui. Il est avant toutes choses, et toutes choses subsistent en lui. Il est la tête du corps de l'Eglise ; il est le commencement, le premier-né d'entre les morts, afin d'être en tout le premier. Car Dieu a voulu que toute plénitude habitât en lui ».

Ce n'est pas un hasard si la merveilleuse déclaration au sujet de Christ Créateur est reliée à l'affirmation qu'en lui nous avons la rédemption. Non, quand l'apôtre fait connaître son désir que nous « soyons fortifiés à tous égards selon sa puissance glorieuse », il nous révèle ce qu'est cette puissance glorieuse. Quand il nous dit comment être délivré de la puissance des ténèbres, il dévoile la puissance du Libérateur. C'est pour nous redonner du courage qu'on nous dit que le chef de l'église est le Créateur de toutes choses. On nous dit qu'Il soutient toutes choses par la parole de sa puissance (Hébreux 1 :3), pour que nous nous reposions sur l'assurance que la main qui soutient toute la nature gardera aussi Ses enfants.

Notons la relation avec Esaïe 40 :26. Le chapitre présente la sagesse et la puissance merveilleuse de Christ qui appelle toute les armées du ciel par leur nom, et les maintient toutes à leur place, par la grandeur de sa force et la vigueur de sa puissance, et pour demander ensuite : « Pourquoi dis-tu Jacob, pourquoi dis-tu Israël : Ma destinée est cachée devant l'Eternel, mon droit passe inaperçu devant mon Dieu ? Ne le sais-tu pas ? Ne l'as-tu pas appris ? C'est le Dieu d'éternité, l'Eternel, qui a crée les extrémités de la terre ; il ne se fatigue point, il ne se lasse point ; on ne peut sonder son intelligence. Il donne de la force à celui qui est fatigué, et il augmente la vigueur de celui qui tombe en défaillance » (versets 27-29). Sa puissance, en fait, est la capacité de tout créer à partir de rien ; donc il peut faire des merveilles par ceux qui sont sans force. Il peut créer la force avec la faiblesse. Donc, en toute sécurité, tout ce qui maintient à l'esprit la puissance créatrice de Christ, tendra à renouveler notre force et notre courage spirituel.

Et c'est justement le but du Sabbat. Lisons le Psaume 92 (versets 1-4), qui est un Psaume dédié au Sabbat. Voici les quatre premiers versets : « Il est beau de louer l'Eternel, et de célébrer ton nom, ô Très-Haut ! D'annoncer le matin ta bonté, et ta fidélité pendant les nuits, sur l'instrument à dix cordes et sur le luth, aux sons de la harpe. Tu me réjouis par tes oeuvres, ô Eternel ! Et je chante avec allégresse l'ouvrage de tes mains ».

En quoi cela se rapporte-t-il au Sabbat ? C'est très simple : le Sabbat est le mémorial de la création. Le Seigneur dit : « Je leur donnerai mes Sabbats comme un signe entre moi et eux, pour qu'ils puissent savoir que je suis l'Eternel qui les sanctifie » (Exode 20 :12). Le Psalmiste garda le Sabbat comme Dieu voudrait qu'il soit gardé, -en méditant sur la création, la puissance et la bonté merveilleuses de Dieu qu'elle manifeste. Et alors, en pensant à tout cela, il réalisa que le Dieu qui revêt les lis d'une gloire surpassant celle de Salomon, se préoccupe beaucoup plus de ses créatures intelligentes ; et en regardant les cieux, qui manifestent la puissance et la gloire de Dieu il comprit qu'ils furent créés à partir de rien, et la pensée encourageante surgit dans son esprit que cette même puissance agirait en lui pour le délivrer de sa faiblesse humaine. Il trouva donc la joie et l'allégresse dans l'oeuvre des mains de Dieu. La connaissance du pouvoir de Dieu qu'il acquit en contemplant la création, le remplit de courage quand il comprit que la même puissance était à sa disposition ; et, saisissant cette puissance par la foi, il remporta de grandes victoires grâce à elle. Tel est le but du Sabbat : amener l'homme à une connaissance salvatrice de Dieu.

Voici brièvement le raisonnement :

La foi en Dieu est engendrée par la connaissance de son pouvoir ; douter de Lui implique une ignorance de son pouvoir à accomplir ses promesses ; notre foi en Lui sera proportionnelle à la connaissance réelle que nous aurons de sa puissance.

Une contemplation intelligente de la création de Dieu nous donne une vraie conception de sa puissance, car sa puissance éternelle et sa divinité se comprennent grâce aux choses qu'il a créées (Romains 1 :20)

C'est la foi qui donne la victoire (1 Jean 5 :4) ; par conséquent, puisque la foi vient de la connaissance du pouvoir de Dieu, à partir de sa parole, et par les choses qu'il créa, il en résulte que nous obtenons la victoire par les oeuvres de ses mains. Par conséquent, le Sabbat, mémorial de la création, est une grande source de secours dans la bataille du chrétien, lorsqu'il est convenablement observé.

Voici la portée d'Ezéchiel 20 :12 : « Je leur donnerai aussi mes Sabbats comme un signe entre moi et eux, pour qu'ils connussent que je suis l'Eternel qui les sanctifie ». C'est-à-dire, sachant que Dieu veut notre sanctification (1 Thessaloniciens 4 :3 ; 5 :23-24), par l'usage approprié du Sabbat, nous comprenons que la puissance de Dieu s'exerce pour notre sanctification. Le même pouvoir qui se déploya pour créer les mondes, se manifeste pour la sanctification de ceux qui se soumettent à la volonté de Dieu. Cette pensée, quand elle est pleinement comprise, apportera, avec certitude, joie et consolation divine à l'âme sincère. A la lumière de cette pensée, nous pouvons apprécier la force d'Esaïe 58 : 13-14 : « Si tu retiens ton pied pendant le Sabbat, pour ne pas faire ta volonté en mon saint jour, si tu fais du Sabbat tes délices, pour sanctifier l'Eternel en le glorifiant, et si tu l'honores en ne suivant point tes voies, en ne te livrant pas à tes penchants et à de vains discours, alors, tu mettras ton plaisir en l'Eternel, et je te ferai habiter sur les hauteurs du pays, je te ferai jouir de l'héritage de Jacob, ton père, car la bouche de l'Eternel à parlé ».

C'est-à-dire que le Sabbat est gardé selon le plan de Dieu, comme un mémorial de Sa puissance créatrice, comme souvenir de Son pouvoir divin manifesté pour le salut de Son peuple ; ainsi, l'âme triomphant par les oeuvres de Ses mains doit se réjouir dans le Seigneur. Par conséquent, le Sabbat est le grand point d'appui du levier de la foi, qui élève l'âme jusqu'aux hauteurs du trône de Dieu, pour être en communion avec Lui.

Pour résumer en peu de mots, on peut dire que : le pouvoir éternel et la divinité du Seigneur sont révélées dans la création (Romains 1 :20). C'est la capacité de créer qui donne la mesure de la puissance de Dieu. Mais l'Evangile est la puissance de Dieu pour le salut (Romains 1 :16). Donc, l'Evangile nous révèle précisément le pouvoir qui fut employé pour amener les mondes à l'existence et qui est manifesté maintenant pour le salut des hommes. C'est la même puissance dans chaque cas.

A la lumière de cette grande vérité, on ne peut plus discuter pour savoir si la rédemption est plus grande que la création, parce que la rédemption est une création. (Voir 2 Corinthiens 5 :17 ; Ephésiens 4 :24). La puissance de la rédemption est la puissance de la création ; le pouvoir de Dieu pour le salut est la puissance capable de s'emparer du néant humain et faire de lui ce qui sera pendant toute l'éternité à la louange de la gloire de la grâce de Dieu. « Ainsi, que ceux qui souffrent selon la volonté de Dieu remettent leurs âmes au fidèle créateur, en faisant ce qui est bien » (1 Pierre 4 :19).

Chapitre 8— Christ le législateur

« Car l'Éternel est notre juge, l'Éternel est notre législateur, l'Éternel est notre roi : c'est lui qui nous sauve » (Ésaïe 33 :22).

Il nous faut maintenant considérer Christ dans un autre rôle, qui n'est cependant pas différent. Il s'agit de la conséquence naturelle de sa position de Créateur, car celui qui crée doit certainement avoir l'autorité pour guider et pour contrôler. Nous lisons dans Jean 5 :22, 23, les paroles de Christ : « le Père ne juge personne, mais il a remis tout jugement au Fils, afin que tous honorent le Fils comme ils honorent le Père ». Comme Christ est la manifestation du Père dans la création, de même, il est la manifestation du Père pour donner et faire appliquer la loi. Quelques textes de l'Ecriture suffiront à le prouver.

Dans Nombres 21 : 4-6, nous avons le récit partiel d'un incident qui eut lieu pendant que les enfants d'Israël étaient dans le désert : « Ils partirent de la montagne de Hor par le chemin de la mer Rouge, pour tourner le pays d'Edom. Le peuple s'impatienta en route, et parla contre Dieu et contre Moïse : Pourquoi nous avez-vous fait monter hors d'Egypte, pour que nous mourions dans le désert ? Car il n'y a point de pain, et il n'y a point d'eau, et notre âme est dégoûtée de cette misérable nourriture. Alors l'Eternel envoya contre le peuple des serpents brûlants ; ils mordirent le peuple, et il mourut beaucoup de gens en Israël ».

Le peuple parla contre Dieu et contre Moïse, en disant : Pourquoi nous as-tu amenés dans le désert ? Il blâma son chef. C'est pourquoi il fut exterminé par les serpents. Maintenant, lisons les paroles de l'apôtre Paul concernant ce même événement : « Ne tentons point le Seigneur, comme le tentèrent quelques-uns d'eux, qui périrent par les serpents » (1 Corinthiens 10 :9). Qu'est-ce que cela prouve ? Que le Chef contre lequel ils murmuraient était le Christ. Ceci est encore plus clair par le fait que quand Moïse unit son sort à celui d'Israël, il regarda « l'opprobre de Christ comme une richesse plus grande que les trésors de l'Egypte, car il avait les yeux fixés sur la rémunération » (Hébreux 11 :26). Lire aussi 1 Corinthiens 10 :4, où Paul dit que les pères « ont tous bu le même breuvage spirituel, car ils buvaient à un rocher spirituel qui les suivait, et ce Rocher était Christ ». Ainsi donc, Christ était le Conducteur d'Israël depuis l'Egypte.

Le troisième chapitre de l'épître aux Hébreux confirme le même fait. Ici on nous dit de considérer l'Apôtre et le Souverain Sacrificateur de la foi que nous professons, Jésus-Christ, qui a été fidèle dans toute Sa maison, non pas comme un serviteur, mais comme un fils dans sa propre maison (versets 1-16). Puis on nous dit que nous sommes Sa maison, si nous retenons fermement notre confiance jusqu'à la fin. En conséquence, nous sommes exhortés par le Saint-Esprit à entendre sa voix et à ne pas endurcir nos coeurs, comme le firent les pères dans le désert. « Car nous sommes devenus participants de Christ, pourvu que nous retenions fermement jusqu'à la fin l'assurance que nous avions au commencement, pendant qu'il est dit : Aujourd'hui si vous entendez sa voix, n'endurcissez pas vos coeurs, comme lors de la révolté. Qui furent, en effet ceux qui se révoltèrent après l'avoir entendue, sinon tous ceux qui étaient sortis d'Egypte sous la conduite de Moïse ? Et contre qui Dieu fut-il irrité pendant quarante ans, sinon contre ceux qui péchaient, et dont les cadavres tombèrent dans le désert ? » (versets 14-17). Ici encore, Christ est décrit comme le Conducteur et le Capitaine d'Israël pendant leur séjour de quarante années dans le désert.

La même chose apparaît dans Josué 5 :13-15, où l'on nous dit que l'homme que Josué vit près de Jéricho, ayant une épée nue à la main, à la question de Josué : « Es-tu des nôtres ou de nos ennemis ? répondit : Non, mais je suis le Chef de l'armée de l'Eternel, j'arrive maintenant ».En effet, personne ne pourra contester que Christ était le réel Conducteur d'Israël, bien qu'invisible. Moïse, le conducteur visible d'Israël « se montra ferme, comme voyant celui qui est invisible ». Ce fut Christ qui commanda à Moïse d'aller délivrer son peuple.

Maintenant, lisons Exode 20 :1-3 : « Alors Dieu prononça toutes ces paroles, en disant : je suis l'Eternel, ton Dieu, qui t'ai fait sortir du pays d'Egypte, de la maison de servitude. Tu n'auras pas d'autres dieux devant ma face. » Qui prononce ces mots ? Celui qui les fit sortir d'Egypte. Et qui fut le conducteur d'Israël à la sortie d'Egypte ? Le Christ. Alors qui proclama la loi sur le Mont Sinaï ? Christ, l'éclat de la gloire du Père, l'image exacte de sa personne, qui est la manifestation de Dieu à l'homme. Ce fut le Créateur de toutes les choses créées et Celui à qui tout jugement a été confié.

Il y a une autre façon d'arriver à cette démonstration : Quand le Seigneur viendra, il y aura un grand cri (1 Thessaloniciens 4 :16) qui pénétrera dans les tombeaux et ressuscitera les morts (Jean 5 :28-29). « L'Eternel rugira d'en haut ; de sa demeure sainte il fera retentir sa voix ; il rugira contre le lieu de sa résidence ; il poussera des cris, comme ceux qui foulent au pressoir, contre tous les habitants de la terre. Le bruit parvient jusqu'à l'extrémité de la terre ; car l'Eternel est en dispute avec les nations, il entre en jugement contre toute chair ; il livre les méchants au glaive, dit l'Eternel » (Jérémie 25 :30, 31). En comparant ceci avec Apocalypse 19 :11-21, où Christ est montré comme le conducteur des armées du ciel, la parole de Dieu, le Roi des rois et le Seigneur des seigneurs qui s'avance pour fouler « la cuve du vin de l'ardente colère du Dieu tout-puissant », détruisant tous les méchants, nous voyons que c'est Christ qui rugit de sa demeure contre tous les habitants de la terre, quand il soulève une controverse avec les nations. Joël ajoute autre chose, quand il dit : « De Sion l'Eternel rugit, de Jérusalem il fait entendre sa voix : les cieux et la terre sont ébranlés. Mais l'Eternel est un refuge pour son peuple, un abri pour les enfants d'Israël » (Joël 3 :16).

Par ces textes, auxquels beaucoup d'autres pourraient s'ajouter, nous apprenons, en relation avec la venue du Seigneur pour délivrer son peuple, qu'il parle d'une voix qui ébranle la terre et les cieux. « La terre chancelle comme un homme ivre, elle vacille, comme une cabane ; son péché pèse sur elle, elle tombe, et ne se relève plus » (Esaïe 24 :20), et « les cieux passeront avec fracas » (2 Pierre 3 :10). Lisons maintenant Hébreux 12 :25, 26 : « Gardez-vous de refuser d'entendre celui qui parle ; car si ceux-là n'ont pas échappé qui refusèrent d'entendre celui qui publiait des oracles sur la terre, combien moins échapperons-nous, si nous nous détournons ce celui qui parle du haut des cieux, lui, dont la voix alors ébranla la terre, et qui maintenant a fait cette promesse : Une fois encore j'ébranlerai non seulement la terre, mais aussi le ciel ».

La voix ébranla la terre au moment où la loi fut proclamée au Sinaï (Exode 19 :18-20 ; Hébreux 12 :18-20), événement saisissant qui n'eut jamais son pareil, et n'en aura jamais jusqu'au retour du Seigneur avec les anges du ciel, pour sauver son peuple. Mais notons : la même voix qui ébranla alors la terre, dans les temps à venir ébranlera non seulement la terre, mais aussi le ciel ; et nous avons vu que c'est la voix du Christ qui retentira avec une ampleur telle qu'elle ébranlera le ciel et la terre, lors du dénouement de sa controverse avec les nations. Donc il est démontré que c'était la voix de Christ qui se fit entendre au Sinaï, lors de la proclamation des dix commandements. Ceci coïncide exactement avec la conclusion logique de ce qui a déjà été commenté sur Christ Créateur et Auteur du Sabbat.

En effet, le fait que Christ soit une partie de la Divinité, possédant tous les attributs divins, étant l'égal du Père sous tous les rapports, en tant que Créateur et Législateur, est la seule force du sacrifice d'expiation. C'est ceci seulement qui fait de la rédemption une possibilité.

Christ est mort «afin de nous amener à Dieu » (1 Pierre 3 :18), mais s'il lui avait manqué un seul iota pour être l'égal de Dieu, il ne pourrait pas nous conduire à Dieu. Divinité veut dire avoir les attributs de Dieu. Si Christ n'avait pas été divin, alors nous n'aurions eu qu'un sacrifice humain. Peu importe, si Christ eut été reconnu comme la plus haute intelligence créée de l'univers ; dans ce cas, il aurait été un sujet, devant allégeance à la loi, sans la capacité de rien faire de plus que son propre devoir. Il n'aurait eu aucune justice à impartir aux autres. Il y a une distance infinie entre l'ange le plus élevé jamais créé et Dieu ; par conséquent, l'ange le plus élevé n'aurait pas pu élever l'homme déchu et le rendre participant de la nature divine. Les anges peuvent servir les humains, mais Dieu seul peut racheter. Remercions Dieu que nous soyons sauvés par la rédemption qui est en Jésus-Christ en qui « habite corporellement toute la plénitude de la Divinité », et qui est donc capable de « sauver parfaitement ceux qui s'approchent de Dieu par lui ».

Cette vérité nous aide à comprendre plus parfaitement la raison pour laquelle Christ est appelé la Parole de Dieu. Il est Celui par qui la volonté divine et la puissance divine se font connaître aux hommes ; il est, pour ainsi dire, le porte-parole de Dieu, la manifestation de Dieu. Il manifeste ou fait connaître Dieu à l'homme. Il a plu au Père qu'en lui habitât toute la plénitude ; et ainsi, le Père n'est pas relégué à une position secondaire, comme certains se l'imaginent, quand Christ est exalté en tant que Créateur et Législateur ; car la gloire du Père rayonne à travers le Fils. Puisque Dieu est connu seulement à travers Christ, il est évident que le Père ne peut pas être honoré comme il devrait être honoré par ceux qui n'exaltent pas Christ. Comme Christ lui-même l'a dit : « Celui qui n'honore pas le Fils, n'honore pas le Père qui l'a envoyé » (Jean 5 :23).

On se demande comment Christ pouvait être le Médiateur entre Dieu et l'homme tout en le Législateur ? Nous n'avons pas à l'expliquer, mais seulement à accepter le texte de l'Ecriture tel qu'il est. Et le fait qu'il en est ainsi donne de la force à la doctrine du sacrifice d'expiation. La certitude pour le pécheur du pardon complet et gratuit repose sur la garantie que le Législateur lui-même, celui contre lequel il s'est rebellé et qu'il a bravé, est Celui qui s'est donné pour nous. Comment est-il possible pour quiconque de douter de la sincérité de l'intention de Dieu, ou de sa parfaite bonne volonté à l'égard des hommes, quand il s'est donné lui-même pour leur rédemption ? Car, qu'on ne s'imagine pas que le Père et le Fils étaient séparés dans cette oeuvre. Ils ont été Un dans ce cas, comme dans toutes les autres opérations. Le conseil de paix existait entre les deux (Zacharie 6 :12-13), et même ici sur la terre le Fils, seul premier-né, était dans le sein du Père.

Quelle merveilleuse manifestation d'amour ! Christ l'innocent souffrit pour le coupable ; le juste, pour les injustes ; le Créateur, pour la créature ; l'Auteur de la loi, pour le transgresseur de la loi ; le Roi, pour ses sujets rebelles. Puisque Dieu n'a pas épargné son propre fils, mais l'a volontairement livré pour nous tous –Christ volontairement s'est donné lui-même pour nous- comment ne nous donnerait-il pas toutes choses gratuitement avec lui ? L'Amour infini ne pouvait pas trouver une plus grande manifestation de lui-même. Le Seigneur peut dire avec raison : « Qu'aurait-on pu faire de plus pour ma vigne, que je n'aie pas fait » ?

Chapitre 9— La Justice de Dieu

« Cherchez premièrement le royaume de Dieu et sa justice, et toutes ces choses vous seront données par dessus » (Matthieu 6 :33).

La justice de Dieu, dit Jésus, est l'unique chose qui doit être recherchée dans la vie. La nourriture est le vêtement sont des affaires mineures en comparaison à celle-là. Dieu y pourvoira, cela va de soi, de sorte qu'il est inutile de manifester un souci et un tourment à ce sujet ; mais s'assurer le royaume de Dieu et sa justice devrait être le seul but de la vie.

Dans 1 Corinthiens 1 :30, on nous dit que Christ devient pour nous justice, aussi bien que sagesse ; et puisque Christ est la sagesse de Dieu, et qu'en Lui habite corporellement toute la plénitude de la Divinité, il est évident que la justice dont Christ fut fait pour nous, est la justice de Dieu. Voyons ce qu'est cette justice.

Dans le Psaume 119 :172, le Psalmiste s'adresse ainsi au Seigneur : « Que ma langue chante ta parole ! Car tous tes commandements sont justes ». Les commandements sont justice, non seulement d'une façon abstraite, mais parce qu'ils sont la justice de Dieu. Pour le comprendre, lisons Esaïe 51 :6-7 : « Levez les yeux vers le ciel, et regardez en bas sur la terre ! Car les cieux s'évanouiront comme une fumée, la terre tombera en lambeaux comme un vêtement, et ses habitants périront comme des mouches ; mais mon salut durera éternellement, et ma justice n'aura point de fin. Ecoutez-moi, vous qui connaissez la justice, peuple, qui a ma loi dans ton coeur !Ne craignez pas l'opprobre des hommes, et ne tremblez pas devant leurs outrages. »

Qu'apprenons-nous de ceci ? Que ceux qui connaissent la justice de Dieu sont ceux dans le coeur desquels demeure sa loi, et par conséquent que la loi de Dieu est la justice de Dieu.

Ceci peut encore se prouver comme suit : « Toute injustice est un péché » (1 Jean 5 :17), et 1 Jean 3 :4 : « Quiconque pèche transgresse la loi, et le péché est la transgression de la loi ». Le péché est la transgression de la loi, et il est aussi injuste ; donc, le péché est l'injustice sont identiques. Mais si l'injustice est la transgression de la loi, la justice doit être l'obéissance à la loi. Ou, pour mettre ce raisonnement sous forme mathématique, nous avons :

Injustice = péché 1 Jean 5 :17

Transgression de la loi = péché 1 Jean 3 :4

Ainsi donc, selon l'évidence que deux choses qui sont égales à une troisième chose, sont égales entre elles, nous avons :

Injustice = transgression de la loi

Ceci est une équation négative. La même chose exprimée en termes positifs seraient :

Justice = obéissance à la loi

Or, quelle est la loi à l'obéissance de laquelle correspond la justice ? et à la désobéissance de laquelle correspond le péché ? C'est la loi qui dit : « Tu ne convoiteras pas » ; car l'apôtre Paul nous dit que cette loi le convainquit de péché (Romains 7 :7). La loi des dix commandements, donc, est la mesure de la justice de Dieu. Puisqu'elle est la loi de Dieu, et qu'elle est justice, elle doit être la justice de Dieu. Il n'y a en effet, pas d'autre justice.

Puisque la loi est la justice de Dieu –une manifestation de Son caractère- il est facile de voir que craindre Dieu et garder Ses commandements est tout le devoir de l'homme (Ecclésiaste 12 :15). Que personne ne pense que son devoir sera limité, s'il se borne aux dix commandements, car ils « n'ont point de limite» (Psaume 119 :96). « La loi est spirituelle » est comprend beaucoup plus que ne peut discerner un lecteur ordinaire. « Mais l'homme animal ne reçoit pas les choses de l'Esprit de Dieu, car elles sont une folie pour lui, et il ne peut les connaître, parce que c'est spirituellement qu'on en juge. » (1 Corinthiens 2 :14). L'extrême amplitude de la loi de Dieu peut être comprise que par ceux qui ont médité sur elle avec beaucoup de prière. Quelques textes de l'Ecriture suffiront pour nous montrer un peu sa grandeur.

Dans le sermon sur la montagne, Christ dit : « Vous avez entendu qu'il a été dit aux anciens : Tu ne tueras point ; celui qui tuera mérite d'être puni par les juges. Mais moi, je vous dis que quiconque se met en colère contre son frère mérite d'être puni par les juges ; que celui qui dira à son frère : Racca ! mérite d'être puni par le sanhédrin ; et que celui qui dira : Insensé ! mérite d'être puni par le feu de la géhenne ; et encore : Vous avez appris qu'il a été dit que quiconque regarde une femme pour la convoiter a déjà commis un adultère avec elle dans son coeur » (Matthieu 5 :21, 22, 27, 28).

Ceci ne veut pas dire que les commandements « Tu ne tueras point » et « Tu ne commettras point d'adultère », sont imparfaits, ni que Dieu exige maintenant un plus haut niveau de moralité des chrétiens que celui qu'il exigea de Son peuple juif. Il exige la même chose de tous les hommes, et à toutes les époques. Le Sauveur expliqua simplement ces commandements, et montra leur spiritualité. A l'accusation sous-entendue des Pharisiens, qu'il ignorait et qu'il sapait la loi morale, il répliqua en disant qu'il était venu dans le but de confirmer la loi, et qu'elle ne pouvait être abolie ; et alors, il exposa la vraie signification de la loi d'une façon qui les convainquit de leur ignorance et de leur désobéissance à la loi. Il montra que même un regard ou une pensée peuvent être une violation de la loi, et qu'en vérité, elle juge les pensées et les intentions du coeur.

Christ ne révéla pas une nouvelle vérité, mais il remit seulement en lumière et développa une ancienne vérité. La loi avait autant de signification quand il la proclama au Sinaï que quand il l'exposa sur cette montagne de Judée. Quand, d'une voix qui ébranla la terre, il dit: « Tu ne tueras pas », il voulait dire : Tu n'entretiendras pas de colère dans ton coeur ; tu ne t'abandonneras pas à l'envie, ni à une querelle, ni à rien qui soit le moins du monde apparenté au meurtre. Tout ceci, et beaucoup plus encore, est contenu dans les mots: « Tu ne tueras point ». Et ceci fut enseigné par les paroles inspirées de l'Ancien Testament ; car Salomon montra que la loi concerne les choses invisibles, aussi bien que les choses visibles, quand il écrit : « Ecoutons la fin du discours : Crains Dieu et observe ses commandements. C'est là ce que doit tout homme. Car Dieu amènera toute oeuvre en jugement, au sujet de tout ce qui est caché, soit bien, soit mal » (Ecclésiaste 12 :15, 16).

Voici le raisonnement: Le jugement s'exerce à l'égard de toute chose secrète; la loi de Dieu est la norme du jugement, c'est-à-dire qu'elle détermine la qualité de tout acte, qu'il soit bon ou mauvais ; par conséquent, la loi de Dieu interdit le mal en pensée aussi bien qu'en acte. Donc, la conclusion de tout ceci est que les commandements de Dieu contiennent tout le devoir de l'homme.

Le premier commandement dit: « Tu n'auras pas d'autres dieux devant ma face ». L'apôtre nous parle de certaines personnes qui « ont pour dieu leur ventre » (Philippiens 3 :19). Mais la gloutonnerie est l'intempérance sont des suicides ; donc, nous voyons que le premier commandement s'étend jusqu'au sixième. Ceci n'est pas tout, car Paul nous dit aussi que la convoitise est une idolâtrie (Colossiens 3 :5). Le dixième commandement ne peut pas être violé sans violer le premier et le deuxième. En d'autres termes, le dixième commandement coïncide avec le premier, et nous voyons que le décalogue est un cercle dont la circonférence est aussi vaste que l'univers, et qui contient le devoir moral de toutes les créatures. Bref, il est la mesure de la justice de Dieu, qui demeure éternellement.

La justesse de l'affirmation que « les observateurs de la loi seront justifiés » est évidente. Justifier signifie rendre juste, ou montrer que quelqu'un est juste. Or, il est évident qu'une obéissance parfaite à une loi parfaitement juste ferait de quelqu'un une personne juste. C'était le dessein de Dieu qu'une telle obéissance à la loi soit observée par toutes Ses créatures ; et c'est ainsi que la loi fut instituée en vue de la vie (Romains 7 :10).

Mais pour que quelqu'un soit reconnu comme observateur de la loi, il serait nécessaire qu'il ait observé la loi dans sa plus parfaite intégralité, à tous les instants de sa vie. S'il avait manqué à cela, on ne pourrait pas dire de lui qu'il a observé la loi. Il ne pourrait pas être un observateur de la loi s'il l'avait observée seulement en partie. Par conséquent, c'est un fait attristant, que dans toute la race humaine, il n'y a pas d'observateur de la loi, car tous, Juifs et Gentils sont « sous l'empire du péché » ; comme il est écrit : « Il n'y a point de juste, pas même un seul ; nul n'est intelligent, nul ne cherche Dieu ; tous sont égarés, tous sont pervertis ; il n'en est aucun qui fasse le bien, pas même un seul » (Romains 3 :10-12). La loi parle à tous ceux qui sont à l'intérieur de sa sphère ; et dans le monde entier, il n'y a personne qui puisse ouvrir la bouche pour se justifier de l'accusation de péché que la loi porte contre lui. « Afin que toute bouche soit fermée, et que tout le monde soit reconnu coupable devant Dieu » (verset 19), « Car tous ont péché et sont privés de la gloire de Dieu » (verset 23).

Par conséquent, quoique les observateurs de la loi soient justifiés, il est également évident qu'aucun homme « ne sera justifié devant lui par les oeuvres de la loi, puisque c'est par la loi que vient la connaissance du péché » (verset 20). La loi étant « saine et juste et bonne », ne peut pas justifier un pécheur. En d'autres termes, une loi juste ne peut déclarer qu'une personne qui la viole est innocente. Une loi qui justifierait un homme mauvais serait une loi mauvaise. La loi ne doit pas être insultée, parce qu'elle ne peut pas justifier les pécheurs. Au contraire, elle doit être louée à cause de cela. Le fait que la loi ne déclarera pas que les pécheurs sont justes –qu'elle ne dira pas que les hommes l'ont observée, alors qu'ils l'ont violée- est une preuve suffisante qu'elle est bonne. Les hommes applaudissent un juge terrestre incorruptible, celui qui ne peut être acheté, et qui ne déclarera pas innocent un homme coupable. En conséquence, ils devraient exalter la loi de Dieu, qui ne portera pas de faux témoignage. Elle est la perfection de la justice, et par conséquent, elle est obligée de reconnaître ce fait attristant que personne de la race d'Adam n'a satisfait à ses exigences.

En outre, le fait d'observer la loi est simplement le devoir de l'homme, et montre que quand il a échoué sur un seul point, il ne pourra jamais se rattraper. Les exigences de chaque précepte de la loi sont si vastes, -la loi entière est si spirituelle qu'un ange ne pourrait pas manifester plus qu'une simple obéissance. Bien plus, la loi est la justice de Dieu –une transcription de Son caractère- et puisque Son caractère ne peut pas être différent de ce qu'il est, il en résulte que même Dieu en personne ne peut pas avoir plus de qualités que toutes celles exigées par Sa loi. Il ne peut pas être meilleur qu'Il n'est, et la loi manifeste ce qu'Il est. Quel espoir y a-t-il donc que celui qui a échoué même au sujet d'un seul précepte puisse ajouter un surplus suffisant de bonté pour compléter la mesure ? Celui qui tente de faire cela fixe devant lui l'impossible tâche d'être meilleur que ce que Dieu exige, oui, et même meilleur que Dieu Lui-même !

Mais ce n'est pas seulement sur un seul détail que les hommes ont failli. Ils ont échoué sur tous les points: « Tous sont égarés, tous sont pervertis; il n'en est aucun qui fasse le bien, pas même un seul » (Romains 3:12). De plus, il est impossible pour l'homme déchu, avec sa puissance diminuée, de faire même un seul acte qui soit à la mesure de la règle parfaite. Cette question ne demande pas de preuve supplémentaire que celle de réaffirmer le fait que la loi est la mesure de la justice de Dieu. Sûrement il n'y a personne d'assez présomptueux pour prétendre qu'un acte de sa vie a été ou pouvait être aussi bon que si le Seigneur Lui-même l'avait accompli. Chacun doit dire avec le Psalmiste: « Ma bonté ne s'élève pas jusqu'à Toi » (Psaume 16:2).

Ce fait est contenu dans des affirmations positives de l'Ecriture. Christ, « qui n'avait pas besoin qu'on lui rendit témoignage d'aucun homme, car il savait Lui-même ce qui était dans l'homme » (Jean 2:25), dit : « Car c'est du dedans, c'est du coeur des hommes, que sortent les mauvaises pensées, les adultères, les impudicités, les meurtres, les vols, les cupidités, les méchancetés, la fraude, le dérèglement, le regard envieux, la calomnie, l'orgueil, la folie. Toutes ces choses mauvaises sortent du dedans, et souillent l'homme » (Marc 7:21-23). En d'autres termes, il est plus facile de faire le mal que de faire le bien, et les choses qu'une personne fait naturellement sont mauvaises. Le mal habite en nous, et il est une partie de notre être. Aussi l'apôtre dit: « Car l'affection de la chair est inimitié contre Dieu, parce qu'elle ne se soumet pas à la loi de Dieu, et qu'elle ne le peut même pas. Or ceux qui vivent selon la chair ne sauraient plaire à Dieu » (Romains 8:7, 8). « Car la chair a des désirs contraires à ceux de l'Esprit, et l'Esprit en a de contraires à ceux de la chair ; ils sont opposés entre eux, afin que vous ne fassiez point ce que vous voudriez » (Galates 5 :17). Puisque le mal est une partie de la nature même de l'homme, hérité par chaque individu d'un longue lignée d'ancêtres pêcheurs, il est très évident que, quelle que soit la justice qui émane de lui, elle ne peut consister qu'en « des vêtements souillés » (Esaïe 64 :6) comparés à la robe immaculée de la justice de Dieu.

L'impossibilité d'accomplir des actes bons provenant d'un coeur pécheur est illustrée avec force par le Sauveur : « Car chaque arbre se connaît à son fruit. On ne cueille pas des figues sur des épines, et l'on ne vendange pas des raisins sur des ronces. L'homme bon tire de bonnes choses du bon trésor de son coeur, et le méchant tire de mauvaises choses de son mauvais trésor ; car c'est de l'abondance du coeur que la bouche parle » (Luc 6:44, 45). Ceci veut dire qu'un homme pour faire le bien doit d'abord devenir bon. Par conséquent, les actes accomplis par une personne pécheresse ne peuvent la rendre juste, mais au contraire, venant d'un coeur mauvais, ils sont mauvais, et augmentent la somme de son iniquité. Le mal seul peut venir d'un coeur mauvais, et le mal multiplié ne peut produire un seul acte bon ; il est donc inutile pour une personne mauvaise de penser devenir juste par ses propres efforts. Elle doit d'abord être rendue juste avant de pouvoir faire le bien qui est exigée d'elle, et qu'elle voudrait faire.

Donc, la situation est la suivante:

La loi de Dieu est la justice parfaite, et la parfaite conformité à la loi est exigée de tous ceux qui veulent entrer dans le royaume des cieux.

Mais la loi n'a pas une parcelle de justice à accorder à aucun homme, car tous sont des pécheurs, et sont incapables de se conformer à ses exigences. Peu importe l'application ou le zèle avec lequel un homme agit, rien de ce qu'il peut faire n'atteindra la pleine mesure des exigences de la loi. Elle est trop haute pour qu'il puisse l'atteindre; il ne peut pas obtenir la justice au moyen de la loi. Par les actes de la loi, aucune chair ne sera justifiée à Ses yeux: Quelle condition déplorable! Nous devons posséder la justice de la loi ou bien nous ne pouvons entrer au ciel, et cependant la loi ne détient pas de justice pour aucun de nous. Elle ne procurera pas, à nos plus persistants et énergiques efforts, la plus petite portion de cette sainteté sans laquelle personne ne peut voir le Seigneur.

Qui donc, alors, peut être sauvé? Peut-il alors y avoir une personne juste? Oui, car la Bible en parle souvent. Elle parle de Lot comme de « cet homme juste » et elle dit: « le juste prospérera, car il jouira du fruit de ses oeuvres » (Esaïe 3 :10) ; cela indique qu'il y aura des êtres justes qui recevront la récompense ; et la Bible déclare nettement qu'il y aura une nation juste à la fin. « En ce jour-là, on chantera ce cantique dans le pays de Juda: Nous avons une ville forte ; Il nous donne le salut pour murailles et pour remparts. Ouvrez les portes, laissez entrer la nation juste et fidèle » (Esaïe 26 :1, 2). David dit : « Ta loi est la vérité » (Psaume 119 :142). Elle n'est pas seulement la vérité, mais elle est la somme de toute vérité ; par conséquent, la nation qui observe la vérité sera une nation qui garde la loi de Dieu. Tels seront ceux qui font Sa volonté, et ils entreront dans le royaume des cieux (Matthieu 7 :21).

Chapitre 10— Le Seigneur notre Justice

La question est donc la suivante: Comment obtenir la justice requise pour que l'on puisse entrer dans cette cité? Répondre à cette question est la grande oeuvre de l'Evangile. Tout d'abord, arrêtons-nous sur une leçon de la justification ou de la communication de la justice (droiture). Un exemple peut nous aider à mieux comprendre le concept; Luc 18:9-14 nous le fournit en ces termes: « Il dit encore cette parabole, en vue de certaines personnes se persuadant qu'elles étaient justes, et ne faisant aucun cas des autres : Deux hommes montèrent au temple pour prier ; l'un était pharisien, et l'autre publicain. Le pharisien, debout, priait ainsi en lui-même: O dieu, je te rends grâces de ce que je ne suis pas comme le reste des hommes, qui sont ravisseurs, injustes, adultères, ou même comme ce publicain ; je jeûne deux fois la semaine, je donne la dîme de tous mes revenus. Le publicain, se tenant à distance, n'osait pas même lever les yeux au ciel ; mais il se frappait la poitrine, en disant : O Dieu, sois apaisé envers moi, qui suis un pécheur. Je vous le dis, celui-ci descendit dans sa maison justifié, plutôt que l'autre. Car quiconque s'élève sera abaissé, et celui qui s'abaisse sera élevé. »

Ceci fut écrit pour nous montrer comment nous ne pouvons pas, et comment nous pouvons obtenir la justice. Les pharisiens n'ont pas disparu ; il y en a beaucoup aujourd'hui qui espèrent «gagner» la justice par leur propres bonnes oeuvres. Ils sont sûrs d'être justes. Ils ne se vantent pas toujours aussi ouvertement de leur bonté, mais ils montrent de diverses autres manières qu'ils sont confiants en leur propre justice. Peut-être l'esprit du pharisien –l'esprit qui raconterait à Dieu ses propres bonnes actions comme une raison de gagner sa faveur- est si répandu parmi ceux qui se déclarent chrétiens, qu'ils se sentent prostrés en raison de leurs péchés. Ils savent qu'ils ont péché, et ils se sentent condamnés. Ils se lamentent sur leur état pécheur, et déplorent leur faiblesse. Leurs témoignages ne s'élèvent jamais au-dessus de ce niveau. Souvent, ils s'abstiennent par pure honte de parler dans l'assemblée, et souvent ils n'osent pas s'approcher de Dieu dans la prière. Après avoir péché plus que d'habitude, ils s'abstiennent de prier pendant un certain temps, jusqu'à ce que le sentiment aigu de leur échec ait disparu, ou jusqu'à ce qu'ils s'imaginent qu'ils l'ont compensé au moyen d'une bonne conduite spéciale. De quoi ceci est-il une manifestation ?

De cet esprit pharisaïque qui voudrait faire étalage de sa propre justice devant Dieu ; qui ne veut pas venir devant Lui, à moins qu'il puisse s'appuyer sur le faux soutien de sa propre bonté imaginaire. Ils veulent être capables de dire au Seigneur : « Vois-tu comme j'ai été bon depuis quelques jours ? Tu m'accepteras sûrement, maintenant. »

Mais quel est le résultat? L'homme qui croyait en sa propre justice n'en avait aucune, alors que l'homme qui priait avec une contrition venue du coeur : « Dieu soit apaisé envers moi, qui suis un pécheur », revint chez lui en tant qu'homme juste. Christ dit qu'il partit justifié, c'est-à-dire rendu juste.

Remarquons que le publicain fit quelque chose de plus que de déplorer son iniquité ; il demanda la miséricorde. Qu'est-ce que la miséricorde ? C'est une faveur imméritée. C'est la disposition à traiter un homme mieux qu'il ne le mérite. La Parole inspirée dit de Dieu : « Mais autant les cieux sont élevés au-dessus de la terre, autant sa bonté est grande pour ceux qui le craignent » (Psaume 103 :11). C'est-à-dire que la mesure avec laquelle Dieu nous traite mieux que nous le méritons, quand nous venons humblement à Lui, est équivalente à la distance entre la terre et les cieux les plus hauts. Et en quoi nous traite-t-il mieux que nous le méritons ? En éloignant nos péchés de nous ; car le verset suivant dit : « Autant l'orient est éloigné de l'occident, autant il éloigne de nous nos transgressions » (Psaume 103 :12). Et les paroles du disciple bien-aimé sont d'accord avec cela : « Si nous confessons nos péchés, Il est fidèle et juste pour nous les pardonner, et pour nous purifier de toute iniquité » (1 Jean 1 :9).

Pour trouver une autre affirmation de la miséricorde de Dieu, et pour voir comment elle se manifeste, lisons Michée 7 :18, 19 : « Quel Dieu est semblable à Toi, qui pardonnes l'iniquité, qui oublie les péchés du reste de ton héritage ? Il ne garde pas sa colère à toujours, car Il prend plaisir à la miséricorde. Il aura encore compassion de nous, Il mettra sous ses pieds nos iniquités ; Tu jetteras au fond de la mer tous leurs péchés. » Lisons maintenant l'affirmation formelle des Ecritures, sur la façon dont la justice est accordée.

L'apôtre Paul, ayant prouvé que tous ont péché et sont privés de la gloire de Dieu, de sorte que par les actes de la loi, personne ne sera justifié devant Lui, continue en disant que : « Ils sont gratuitement justifiés [rendus justes] par sa grâce, par le moyen de la rédemption qui est en Jésus-Christ. C'est Lui que Dieu a destiné, par son sang, à être, pour ceux qui croiraient, victime expiatoire, afin de montrer sa justice, parce qu'Il avait laissé impunis les péchés commis auparavant, au temps de Sa patience, afin, dis-je, de montrer sa justice dans le temps présent, de manière à être juste tout en justifiant celui qui a la foi en Jésus » (Romains 3 :24-26).

«Etant gratuitement rendus justes ». Comment pourrait-il en être autrement? Puisque les plus grands efforts de l'homme pécheur n'ont pas le moindre effet pour produire la justice, il est évident que le seul moyen pour qu'il puisse l'obtenir, est le don. Paul la présente clairement comme un don dans Romains 5:17: «Si par l'offense d'un seul la mort a régné par lui seul, à plus forte raison ceux qui reçoivent l'abondance de la grâce et du don de la justice régneront-ils dans la vie par Jésus-Christ lui seul ». C'est parce que la justice est un don de Dieu, que la vie éternelle –qui est la récompense de la justice- est le don de Dieu par Jésus-Christ notre Seigneur.

Christ a été établi par Dieu comme Celui par qui le pardon des péchés doit être obtenu ; et ce pardon consiste simplement en la déclaration de Sa justice (laquelle est la justice de Dieu) pour leur rémission. Dieu «qui est riche en miséricorde » (Ephésiens 2:4) et qui s'en réjouit, place Sa propre justice sur le pécheur qui croit en Jésus, en tant que substitut pour ses péchés. Il s'agit d'un échange extrêmement avantageux pour le pécheur. Et ce n'est pas une perte pour Dieu, car Sa sainteté est infinie, et son approvisionnement ne peut jamais tarir.

Le texte que nous venons de voir (Romains 3:24-26) n'est qu'une autre façon d'exposer l'idée contenue dans les versets 21 et 22 affirmant que par les oeuvres de la loi, aucun homme ne sera rendu juste. L'apôtre ajoute: « Mais maintenant, sans la loi est manifestée la justice de Dieu, à laquelle rendent témoignage la loi et les prophètes, justice de Dieu par la foi en Jésus-Christ, pour tous ceux qui croient. » Dieu place Sa justice sur le croyant. Il le couvre de sa Justice pour que son péché n'apparaisse plus. Alors celui qui est pardonné peut s'écrier avec le prophète:

« Je me réjouirai en l'Eternel, mon âme est ravie d'allégresse en mon Dieu; car il m'a revêtu des vêtements du salut, Il m'a couvert du manteau de la délivrance, comme le fiancé s'orne d'un diadème, comme la fiancée se pare de ses joyaux » (Esaïe 61 : 10).

Mais que veut dire: « la justice de Dieu sans la loi »? Comment cette déclaration s'accorde-t-elle avec l'affirmation que la loi est la justice de Dieu, et qu'en dehors de ses exigences, il n'y a pas de justice ? Il n'y a pas de contradiction. La loi n'est pas mise de côté par ce processus. Notons soigneusement: Qui a donné la loi? Christ. Comment la présenta-t-il? Comme quelqu'un ayant autorité. Comme Dieu! La loi émana de Lui autant que du Père, et elle est simplement la déclaration de la justice de Son caractère. Par conséquent, la justice qui vient par la foi en Jésus-Christ est la même justice qui est personnifiée dans la loi ; et ceci est encore démontré par le fait que « la loi lui rend témoignage » (Romains 3 :21).

Que le lecteur essaie d'imaginer la scène. D'un côté la loi se dresse comme un témoin prompt à agir contre le pécheur. Elle ne peut pas changer, et ne déclarera pas qu'un pécheur et un homme juste. Le pécheur condamné essaie à plusieurs reprises d'obtenir la justice par la loi, mais elle résiste à toutes ses avances. Elle ne peut pas être achetée par une quantité de pénitences, ni de prétendues bonnes actions. Mais Christ entre en scène, aussi plein de grâce que de vérité, et appelle le pécheur à Lui. Finalement, le pécheur, fatigué par sa lutte vaine pour obtenir la justice par la loi, écoute la voix du Christ et cherche refuge dans Ses bras étendus. Se cachant en Lui, il est couvert par la justice de Christ; le résultat est qu'il a obtenu par la foi en Christ ce qu'il s'était vainement efforcé d'obtenir. Il possède la justice que la loi exige, et c'est la véritable justice, parce qu'il l'a reçue de la Source de la Justice, du lieu même d'où la loi est venue. Et la loi témoigne de l'authenticité de cette justice. Elle dit que, tant que l'homme la garde, elle se présentera au tribunal et le défendra contre tous les accusateurs. Elle témoignera qu'il est un homme juste. La justice « qui s'obtient par la foi en Christ, la justice qui vient de Dieu par la foi » (Philippiens 3 :9), donna à Paul la sécurité qu'il serait sauvé au jour de Christ.

Il n'y a pas d'objection à formuler. Dieu est juste, et en même temps, Il justifie celui qui croit en Jésus. En Jésus habite toute la plénitude de la Divinité; Il est l'égal du Père dans tous ses attributs. Par conséquent, la rédemption qui existe en Lui -la faculté de racheter l'homme perdu- est infinie. La rébellion de l'homme est tournée contre le Fils aussi bien que contre le Père, puisque les deux ne font qu'un. Aussi, quand Christ « s'est donné Lui-même pour nos péchés », c'était le Roi qui souffrait pour ses sujets rebelles, Lui, l'injurié qui pardonnait et qui fermait les yeux sur l'offense. Aucun sceptique ne niera que toute personne à le droit et le privilège de pardonner une offense commise contre elle-même ; alors pourquoi discuter quand Dieu exerce le même droit? Il a certainement le droit de pardonner la blessure qui lui a été faite, quand il le désire; et plus encore, parce qu'Il maintient l'intégrité de Sa loi, en se soumettant dans Sa propre Personne au châtiment mérité par le pécheur. « Mais l'innocent a souffert pour le coupable ». C'est vrai; mais l'innocente Victime, «s'est donné Elle-même» volontairement, pour qu'elle puisse faire, avec justice envers Son gouvernement, ce que Son amour lui dictait : pardonner la blessure qui lui était faite en tant que Souverain de l'univers.

Maintenant, lisons la propre déclaration de Dieu au sujet de Son propre Nom, - déclaration faite dans une des pires affaires de mépris jamais manifestée à Son égard :

« L'Eternel descendit dans une nuée, se tint là auprès de lui, et proclama le nom de l'Eternel. Et l'Eternel passa devant lui, et s'écria: L'Eternel, Dieu miséricordieux et compatissant, lent à la colère, riche en bonté et en fidélité, qui conserve son amour jusqu'à mille générations, qui pardonne l'iniquité, la rébellion et le péché, mais qui ne tient point le coupable pour innocent » (Exode 34 :5-7).

Tel est le Nom de Dieu; c'est le caractère au moyen duquel il se révèle à l'homme; à la lumière de laquelle Il désire que les hommes le considèrent. Mais que dire de cette déclaration: « Il ne tient point le coupable pour innocent » ? Ceci est parfaitement en accord avec Sa longanimité, Sa grande bonté, et Son pardon de la transgression de Son peuple. Il est vrai que Dieu ne tiendra nullement le coupable pour innocent ; Il ne pouvait le faire tout en restant un Dieu juste. Mais Il fait quelque chose de bien meilleur : Il enlève la culpabilité, de sorte que celui qui était autrefois coupable n'a plus besoin d'être innocenté –il est justifié et considéré comme s'il n'avait jamais péché.

Que personne ne critique l'expression « revêtir la justice », comme si cela impliquait de l'hypocrisie. Certains, manifestant un manque singulier d'appréciation du don de la justice, ont affirmé qu'ils ne voulaient pas d'une justice « placée » (sur eux), mais qu'ils voulaient seulement la justice qui vient de la vie, méprisant ainsi la justice de Dieu, qui est la foi de Jésus-Christ pour tous et sur tous ceux qui croient. Nous partageons leur idée pour autant qu'elle est une protestation contre l'hypocrisie, une forme de piété sans puissance ; mais nous voudrions que le lecteur ait cette pensée à l'esprit: il y a une grande différence selon qui établit la justice. Si nous essayons de l'établir nous-mêmes, alors nous n'obtenons réellement qu'un vêtement souillé ; peu importe le bon aspect qu'il peut offrir à notre vue ; mais quand Christ nous en revêt, elle ne doit pas être dédaignée ni rejetée. Remarquons l'expression d'Esaïe : « Il m'a couvert avec la robe de justice ». La justice avec laquelle Christ nous recouvre est la justice qui obtient l'approbation de Dieu ; et si Dieu en est satisfait, les hommes ne devraient sûrement pas essayer de trouver quelque chose de meilleur.

Mais avançons un peu plus, et toutes les difficultés disparaîtront. Zacharie 3:1-5 fournit la solution :

« Il me fit voir Josué, le souverain sacrificateur, debout devant l'ange de l'Eternel, et Satan qui se tenait à sa droite pour l'accuser. L'Eternel dit à Satan: Que l'Eternel te réprime, Satan! Que l'Eternel te réprime, lui qui a choisi Jérusalem! N'est-ce pas là un tison arraché du feu? Or Josué était couvert de vêtements sales, et il se tenait debout devant l'ange. L'ange, prenant la parole, dit à ceux qui étaient devant lui: Otez-lui ses vêtements sales! Puis il dit à Josué: Vois, je t'enlève ton iniquité, et je te revêts d'habits de fête. Je dis: Qu'on mette sur sa tête un turban pur! Et ils mirent un turban pur sur sa tête, et ils lui mirent des vêtements. L'ange de l'Eternel était là. »

Notons que le fait d'enlever les vêtements sales signifie faire disparaître l'iniquité de la personne. Et ainsi, nous découvrons que quand Christ nous couvre de la robe de Sa propre justice, Il ne fournit pas manteau pour le péché, mais il enlève le péché. Et ceci montre que le pardon des péchés est quelque chose de plus qu'une simple forme, quelque chose de plus qu'une simple inscription dans les registres du ciel ; à la suite du pardon, le péché a été supprimé. Le pardon des péchés est une réalité; c'est quelque chose de tangible, quelque chose qui affecte l'individu d'une manière vitale. Il le délivre réellement de sa culpabilité; et s'il est délivré de sa culpabilité, il est justifié, rendu juste: il a certainement subi un changement radical. Il est, en fait, une autre personne. Car c'est en Christ qu'il a obtenu cette justice pour la rémission de ses péchés. Elle a été obtenue seulement en Christ. Mais «si quelqu'un est en Christ il est une nouvelle créature » (2 Corinthiens 5:17). C'est ainsi que le pardon complet et gratuit des péchés apporte ce changement merveilleux et miraculeux connu comme la nouvelle naissance ; car un homme ne peut pas devenir une nouvelle créature sans passer par une nouvelle naissance. C'est la même chose que d'avoir un coeur nouveau ou un coeur pur.

Le coeur nouveau est un coeur qui aime la justice et hait le péché. C'est un coeur qui se plaît à être conduit dans les chemins de la justice. C'est un tel coeur que le Seigneur désirait pour Israël: «Oh! s'ils avaient toujours ce même coeur pour me craindre et pour observer tous mes commandements, afin qu'ils fussent heureux à jamais, eux et leurs enfants ! » (Deutéronome 5:29).

Pour résumer, c'est un coeur libéré de l'amour du péché, aussi bien que de la culpabilité du péché. Mais qu'est-ce qui fait qu'un homme désire sincèrement le pardon de ses péchés ? C'est simplement sa haine contre ces péchés et son désir de justice suscités par le Saint-Esprit.

L'Esprit lutte avec tous les hommes. Il vient pour faire des reproches; quand ses reproches sont pris en considération, il remplit immédiatement la fonction de consolateur. La même disposition de soumission et de docilité qui conduit une personne à accepter l'Esprit, la conduira aussi à suivre les enseignements de l'Esprit, et Paul dit que: « tous ceux qui sont conduits par l'Esprit de Dieu sont fils de Dieu » (Romains 8 :14).

Une fois de plus, qu'est-ce qui procure la justification, ou le pardon des péchés? C'est la foi, car Paul dit: « Etant donc justifiés par la foi, nous avons la paix avec Dieu par notre Seigneur Jésus-Christ » (Romains 5 :1). La justice de Dieu est placée sur nous et imputée à tous ceux qui croient (Romains 3 :22). Mais ce même exercice de la foi fait de cette personne un fils de Dieu ; car l'apôtre Paul dit encore « Car vous êtes tous fils de Dieu par la foi en Jésus-Christ » (Galates 3 :26).

La lettre de Paul à Tite illustre le fait que tous ceux dont les péchés sont pardonnés deviennent aussitôt fils de Dieu. D'abord, il montre la condition des méchants dans laquelle nous étions autrefois, puis il dit :

« Mais lorsque la bonté de Dieu notre Sauveur et son amour pour les hommes ont été manifestés, Il nous a sauvés, non à cause des oeuvres de justice que nous aurions faites, mais selon Sa miséricorde, par le baptême de la régénération et le renouvellement du Saint-Esprit, qu'Il a répandu sur nous avec abondance par Jésus-Christ notre Sauveur, afin que, justifiés par sa grâce, nous devenions, en espérance, héritiers de la vie éternelle » (Tite 3 :4-7).

Notons que c'est en étant justifiés par Sa grâce que nous devenons héritiers. Nous avons déjà appris dans Romains 3 :24 et 25 que cette justification par Sa grâce résulte de notre foi en Christ ; mais Galates 3 :26 nous dit que la foi est due à Jésus-Christ, et fait de nous les enfants de Dieu ; par conséquent, nous savons que quiconque a été justifié par la grâce de Dieu, a été pardonné, et est un enfant et un héritier de Dieu.

Ceci montre qu'il n'y a pas de raison de penser qu'une personne doive subir une sorte l'examen, et parvenir à un certain degré de sainteté, avant que Dieu l'accepte comme son enfant. Il nous reçoit tel que nous sommes. Ce n'est pas pour notre bonté qu'Il nous aime, mais à cause de notre besoin. Il nous reçoit, non pour un bien quelconque qu'Il trouve en nous, mais pour son propre bien, et parce qu'Il sait ce que Sa divine puissance peut faire de nous. C'est seulement quand nous nous rendons compte de la merveilleuse exaltation et sainteté de Dieu, et le fait qu'Il vient à nous, dans notre condition pécheresse et dégradée pour nous adopter dans Sa famille, que nous pouvons apprécier la force de l'exclamation de l'apôtre : « Voyez quel amour le Père nous a témoigné pour que nous soyons appelés enfants de Dieu ! » (1 Jean 3:1). Tous ceux qui ont reçu cet honneur se purifieront comme Lui est pur. Dieu ne nous adopte pas comme Ses enfants, parce que nous sommes bons, mais afin qu'Il puisse nous rendre bons. Paul dit: « Mais Dieu, qui est riche en miséricorde, à cause du grand amour dont Il nous a aimé, nous qui étions morts par nos offenses, nous a rendus à la vie avec Christ (c'est par grâce que vous êtes sauvés) ; Il nous a ressuscités ensemble, et nous fait asseoir ensemble dans les lieux célestes, en Jésus-Christ, afin de montrer dans les siècles à venir l'infinie richesse de sa grâce par sa bonté envers nous en Jésus-Christ » (Ephésiens 2 :4-7). Et puis, il ajoute : « Car c'est par grâce que vous êtes sauvés, par le moyen de la foi. Ce n'est point par les oeuvres, afin que personne ne se glorifie. Car nous sommes tous son ouvrage, ayant été créés en Jésus-Christ pour de bonnes oeuvres, que Dieu a préparées d'avance, afin que nous les pratiquions » (Ephésiens 2 :8-10). Ce passage montre que Dieu nous a aimés, tandis que nous étions morts dans nos péchés. Il nous donne son Esprit pour nous vivifier en Christ, et ce même Esprit prouve notre adoption dans la famille de Divine, Il nous adopte afin que, comme nouvelles créatures en Christ, nous puissions accomplir les bonnes oeuvres que Dieu a préparées d'avance.

Chapitre 11— Être accepté par Dieu

Beaucoup de personnes hésitent à se décider à servir le Seigneur, parce qu'elles craignent que Dieu ne les accepte pas ; et des milliers, qui ont professé suivre Christ pendant des années, doutent encore de leur acceptation par Dieu. J'écris pour leur profit, et je ne voudrais pas troubler leur esprit avec des spéculations, mais je m'efforcerai de leur apporter les simples assurances de la Parole de Dieu.

Est-ce que le Seigneur m'acceptera? Je réponds par une autre question: Est-ce qu'un homme acceptera ce qu'il a acheté? Si vous allez dans un magasin et faites un achat, acceptez-vous les objets quand ils vous sont remis ? Naturellement! Il n'y a pas de doute. Le fait que vous ayez acheté ces marchandises et que vous les ayez payées est une preuve suffisante, non seulement que vous êtes disposés, mais que vous êtes désireux de les recevoir. Si vous ne les aviez pas voulues, vous ne les auriez pas payées. Plus le prix de la marchandise était élevé, et plus vous serez désireux de la recevoir. Si le prix que vous avez payé était extrêmement élevé, et que vous avez presque usé votre vie pour le payer, alors, il n'y a pas de doute que vous accepterez l'article quand il vous sera livré. Vous serez dans la crainte qu'une erreur dans la livraison soit commise.

Maintenant, appliquons cette illustration simple et quotidienne au pécheur qui vient à Christ. En premier lieu, Il nous a achetés: « Ne savez-vous pas que votre corps est le temple du Saint-Esprit, qui est en vous, que vous avez reçu de Dieu, et que vous ne vous appartenez point à vous-même ? Car vous avez été rachetés à un grand prix » (1 Corinthiens 6:19, 20).

Le prix qu'Il paya pour nous fut Son propre sang, Sa vie. Paul dit aux saints d'Ephèse : « Prenez donc garde à vous-mêmes, et à tout le troupeau sur lequel le Saint-Esprit vous a établis évêques, pour paître l'Eglise du Seigneur, qu'Il s'est acquise par Son propre sang » (Actes 20 :28). « Sachant que ce n'est pas par des choses périssables, par de l'argent ou de l'or, que vous avez été rachetés de la vaine manière de vivre que vous aviez héritée de vos pères, mais par le sang précieux de Christ, comme d'un agneau sans défaut et sans tache » (1 Pierre 1 :18, 19). « Il s'est donné lui-même pour nous » (Tite 2 :14). « Il s'est donné lui-même pour nos péchés, afin de nous arracher du présent siècle mauvais, selon la volonté de notre Dieu et Père » (Galates 1 :4).

Il n'a pas racheté qu'une certaine catégorie, mais tout un monde de pécheurs : « Car Dieu a tant aimé le monde, qu'il a donné son Fils unique » (Jean 3 :16). Jésus dit : « Le pain que je donnerai pour la vie du monde, c'est ma chair » (Jean 6 :51). « Car, lorsque nous étions encore sans force, Christ, au temps marqué, est mort pour des impies ». « Mais Dieu prouve son amour envers nous, en ce que, lorsque nous étions encore des pécheurs, Christ est mort pour nous » (Romains 5 :6-8).

Le prix payé fut infini, donc nous savons qu'Il désirait vraiment ce qu'il a acheté. Il était fermement décidé à l'obtenir. Il ne pouvait pas être satisfait sans cela. (Voir Philippiens 2 :6-8 ; Hébreux 12 :2 ; Esaïe 53 :11).

Vous direz peut être : « Mais je ne suis pas digne ». Cela signifie que vous ne valez pas le prix payé, et par conséquent, vous craignez de venir à Jésus de peur qu'Il refuse son achat. Or, vous pourriez avoir quelque crainte à cet égard, si le marché n'était pas conclu, et si la somme n'avait pas encore été versée. Si Christ décidait de ne pas vous accepter parce que vous n'en valez pas le prix, non seulement il vous perdrait, mais il perdrait aussi le montant qu'il a payé. Bien que la marchandise ne vaudrait pas ce que vous avez payé pour l'avoir, vous ne seriez pas inconséquent au point de la mépriser. Vous aimeriez mieux recevoir quelque chose pour votre argent plutôt que de ne rien avoir.

Mais il y a plus: vous n'avez aucun motif de vous préoccuper du prix. Quand Christ vint sur la terre intéressé par cet achat, « il n'avait pas besoin qu'on lui rendit témoignage d'aucun homme ; car il savait lui-même ce qui était dans l'homme » (Jean 2 :25). Il fit cet achat les yeux bien ouverts, et il connaissait la valeur exacte de ce qu'il achetait. Il n'est pas du tout déçu quand vous venez à Lui et qu'Il découvre que vous êtes sans valeur. Vous n'avez pas à être soucieux sur la valeur puisque connaissant parfaitement la situation, il se sent satisfait de son achat ; vous devriez être le dernier à vous plaindre.

En effet, la vérité la plus merveilleuse, c'est qu'Il vous a racheté pour la simple raison que vous n'en étiez pas digne. Ses yeux exercés ont vu en vous de grandes possibilités, et Il vous a racheté non à cause de ce que vous étiez, ou de ce que vous valez maintenant, mais pour ce qu'Il pourrait faire de vous. Il vous dit: « C'est moi, moi qui efface tes transgressions pour l'amour de moi » (Esaïe 43 :25). Nous n'avons pas de justice, et c'est pour cette raison qu'Il nous a achetés « afin que nous puissions devenir justice de Dieu en lui ». Paul dit: « Car en lui habite corporellement toute la plénitude de la divinité. Vous avez tout pleinement en lui, qui est le chef de toute domination et de toute autorité » (Colossiens 2 :9, 10). Voici tout le processus:

« Nous tous aussi…, nous étions par nature des enfants de colère, comme les autres… Mais Dieu, qui est riche en miséricorde, à cause du grand amour dont il nous a aimés, nous qui étions morts par nos offenses, nous a rendu à la vie avec Christ (c'est par grâce que vous êtes sauvés) ; il nous a ressuscités ensemble, et nous a fait asseoir ensemble dans les lieux célestes, en Jésus-Christ, afin de montrer dans les siècles à venir l'infinie richesse de sa grâce par sa bonté envers nous en Jésus-Christ. Car c'est par la grâce que vous êtes sauvés, par le moyen de la foi. Et cela ne vient pas de vous, c'est le don de Dieu. Ce n'est point par les oeuvres, afin que personne ne se glorifie. Car nous sommes son ouvrage, ayant été créés en Jésus-Christ pour de bonnes oeuvres, que Dieu a préparées d'avance, afin que nous les pratiquions » (Ephésiens 2 :3-10).

Nous devons être « à la louange de la gloire de sa grâce ». Nous ne pourrions pas l'être si nous avions valu à l'origine tout ce qu'il a payé pour nous. Dans ce cas, il n'y aurait pas de gloire pour lui, dans cette transaction. Il ne pourrait pas, dans les âges à venir, manifester les richesses de sa grâce. Mais quand il nous prend, indignes comme nous sommes, et qu'il nous présente finalement sans défaut devant le trône, ce sera pour sa gloire pour toujours. Et alors, il n'y aura personne pour s'attribuer du mérite. Pendant toute l'éternité, les foules sanctifiées s'uniront pour dire à Christ : « Tu es digne…car tu as été immolé, et tu as racheté pour Dieu par ton sang des hommes de toute tribu, de toute langue, de tout peuple, et de toute nation ; tu as fait d'eux un royaume et des sacrificateurs pour notre Dieu,… L'Agneau qui a été immolé est digne de recevoir la puissance, la richesse, la sagesse, la force, l'honneur, la gloire, et la force, aux siècles des siècles » (Apocalypse 5 :9, 10, 12).

Tous les doutes concernant notre acceptation par Dieu devraient être absolument rejetés. Mais il n'en est pas ainsi. Le coeur mauvais de l'incrédule héberge toujours des doutes. « Je crois tout ceci, mais… ». Arrêtez-vous là; si vous croyiez réellement, il n'y aurait pas de « mais ». Quand les gens ajoutent un « mais » à l'affirmation à laquelle ils déclarent croire, ils veulent dire en réalité : « je crois, mais je ne crois pas ». Mais vous continuez: « Peut-être avez-vous raison, mais … je crois les déclarations des Ecritures que vous avez citées, mais la Bible dit que si nous sommes enfants de Dieu, nous aurons le témoignage du Saint-Esprit, et nous l'aurons en nous-mêmes ; et je n'ai aucun témoignage de ce genre, par conséquent, je ne peux pas croire que j'appartiens à Christ. Je crois sa parole, mais je ne possède pas le témoignage ».

Je comprend votre difficulté; voyons si elle ne peut pas disparaître.

Quant au fait d'appartenir à Christ, vous pouvez vous-même régler cela. Vous avez vu ce qu'il a donné pour vous. Maintenant, la question est: vous êtes-vous abandonné à Lui? Si vous l'avez fait, vous pouvez être sûr qu'Il vous a accepté. Si vous n'êtes pas à lui, c'est uniquement parce que vous avez refusé de lui livrer ce qu'il a déjà acheté. Vous le frustrez. Il dit: « j'ai tendu mes mains tout le jour vers un peuple rebelle et contredisant » (Romains 10 :21). Il vous supplie de lui donner ce qu'il a acheté et payé, cependant vous refusez, et vous l'accusez de ne pas vouloir vous recevoir. Mais, si vous vous êtes abandonné à Lui de tout votre coeur, pour être son enfant, vous pouvez être assuré qu'Il vous a reçu.

Maintenant, quant à croire ses paroles tout en doutant qu'Il vous accepte -parce que vous ne sentez pas le témoignage du Saint-Esprit dans votre coeur- permettez-moi d'insister sur le fait que vous ne croyez pas. Si vous le faisiez, vous auriez ce témoignage. Ecoutez ses paroles: « Celui qui croit au Fils de Dieu a ce témoignage en lui-même; celui qui ne croit pas Dieu le fait menteur, puisqu'il ne croit pas au témoignage que Dieu a rendu à son Fils » (1 Jean 5 :10). Croire au Fils, c'est simplement croire sa parole et le témoignage le concernant.

« Celui qui croit au fils de Dieu a ce témoignage en lui-même ». Vous ne pouvez pas avoir ce témoignage tant que vous ne croirez pas; et aussitôt que vous croirez, vous l'obtiendrez. Comment? Parce que ta foi en la Parole de Dieu est précisément le témoignage. Dieu dit: « Or la foi est une ferme assurance des choses qu'on espère, une démonstration de celles qu'on ne voit pas » (Hébreux 11 :1).

Si vous entendiez Dieu dire d'une voix audible que vous êtes son enfant, vous considéreriez ce témoignage comme suffisant. Eh bien, quand Dieu parle dans sa Parole, c'est la même chose que s'il parlait à voix haute, et votre foi est la preuve que vous entendez et croyez.

C'est un sujet si important qu'il mérite toute notre attention. Lisons d'autres textes bibliques au sujet du témoignage.

D'abord, nous lisons que nous sommes « enfants de Dieu par la foi en Christ Jésus » (Galates 3 :26). Ceci est une confirmation positive de ce que j'ai dit concernant notre incrédulité sur le témoignage. Notre foi fait de nous des enfants de Dieu. Mais comment obtenons-nous cette foi? « La foi, vient de ce qu'on entend, et ce qu'on entend vient de la parole de Christ » (Romains 10 :17). Mais comment pouvons-nous obtenir la foi en la Parole de Dieu? Croyez simplement que Dieu ne peut pas mentir. Vous diriez difficilement à Dieu qu'il est un menteur; mais c'est justement ce que vous faites si vous ne croyez pas sa Parole. Tout ce que vous avez à faire pour croire, c'est croire: « La parole est près de toi, dans ta bouche et dans ton coeur. Or c'est la parole de la foi que nous prêchons. Si tu confesses de ta bouche le Seigneur Jésus, et si tu crois dans ton coeur que Dieu l'a ressuscité des morts, tu seras sauvés. Car c'est en croyant du coeur qu'on parvient à la justice et c'est en confessant de la bouche qu'on parvient au salut, selon qu'il est dit : Quiconque croit en lui ne sera point confus » (Romains 10 :8-11).

Tout ceci est en harmonie avec le témoignage rendu par Paul: « L'Esprit lui-même rend témoignage à notre esprit que nous sommes enfants de Dieu. Or, si nous sommes enfants, nous sommes aussi héritiers: héritiers de Dieu, et cohéritiers de Christ » (Romains 8 :16, 17). Cet esprit qui témoigne avec votre esprit est le Consolateur que Jésus a promis (Jean 14 :16). Nous savons que son témoignage est vrai, car il est « Esprit de vérité ». Or, comment rend-il témoignage ? En nous remettant en mémoire la Parole qui a été écrite. Il a inspiré ces mots : « Nous en parlons, non avec des discours qu'enseigne la sagesse humaine, mais avec ceux qu'enseigne l'Esprit, employant un langage spirituel pour les choses spirituelles » (1 Corinthiens 2 :13). « Car ce n'est pas par une volonté d'homme qu'une prophétie a jamais été apportée, mais c'est poussés par le Saint-Esprit que des hommes ont parlé de la part de Dieu » (2 Pierre 1 : 21), et par conséquent, quand il nous les remet en mémoire, c'est la même chose que s'il nous les disait directement et personnellement. Il présente à notre esprit le texte biblique que nous avons cité en partie ; nous savons que le texte est vrai, car Dieu ne peut mentir ; nous ordonnons à Satan de disparaître avec son faux témoignage contre Dieu, et nous croyons à la parole. En le croyant, nous savons que nous sommes enfants de Dieu et nous crions : « Abba, Père ». Alors, la glorieuse vérité se déploie plus clairement devant notre âme. La répétition de ces mots transforme cette vérité en une réalité pour nous. Il est notre Père ; nous sommes ses enfants. Quelle joie cette pensée nous procure ! Nous voyons donc que le témoignage que nous avons en nous n'est pas un simple sentiment, ou une émotion. Dieu ne nous demande pas de placer notre confiance en un indicateur si peu fiable que le sont nos sentiments. « Celui qui se fie à son propre coeur est fou », dit l'Ecriture. Mais le témoignage que nous devons croire est la Parole immuable de

Dieu, et nous pouvons avoir un tel témoignage dans notre propre coeur par l'esprit. « Louange à Dieu pour son don ineffable !»

Cette assurance ne nous autorise pas à relâcher notre application, ni à nous reposer satisfaits comme si nous avions atteint la perfection. Nous devons nous souvenir que Christ nous accepte, non pas par égard pour nous, mais à cause de Lui ; non parce que nous sommes parfaits, mais parce qu'en Lui nous pouvons avancer jusqu'à la perfection. Il nous bénit, non parce que nous avons été si bons, que nous avons mérité une bénédiction, mais afin qu'avec la force de la bénédiction, nous puissions nous détourner de nos iniquités (Actes 3 :26). A tous ceux qui croient en Christ, la puissance est donnée de devenir enfants de Dieu (Jean 1 :12). C'est par « les plus grandes et les plus précieuses promesses » de Dieu en Jésus-Christ que nous devenons participants de la nature Divine (2 Pierre 1 :4).

Considérons brièvement l'application pratique de quelques-uns de ces passages.

Chapitre 12— La Victoire de la Foi

La Bible dit que «le juste vivra par la foi ». La justice de Dieu est «révélée par la foi et pour la foi » (Romains 1:17). Rien ne peut mieux illustrer l'oeuvre de la foi que quelques exemples rapportés pour notre instruction « afin que, par la patience, et par la consolation que donnent les Ecritures, nous possédions l'espérance » (Romains 15 :4). Nous prendrons premièrement un remarquable événement rapporté dans 2 Chroniques 20 :1-4:

« Après cela, les fils de Moab et les fils d'Ammon, et avec eux des Maonites, marchèrent contre Josaphat pour lui faire la guerre. On vint en informer Josaphat, en disant: Une multitude nombreuse s'avance contre toi depuis l'autre côté de la mer, depuis la Syrie, et ils sont à Hatsatson-Thamar, qui est En-Guédi. Dans sa frayeur, Josaphat se disposa à chercher l'Eternel, et il publia un jeûne pour tout Juda. Juda s'assembla pour invoquer l'Eternel, et l'on vint de toutes les villes de Juda pour chercher l'Eternel. » Puis, suit la prière de Josaphat, en tant que conducteur de la congrégation, et elle mérite qu'on l'étudie spécialement, puisque ce fut une prière de la foi, contenant en elle-même le commencement de la victoire :

« Josaphat se présenta au milieu de l'assemblée de Juda et de Jérusalem, dans la maison de l'Eternel, devant le nouveau parvis. Et il dit: Eternel, Dieu de nos pères, n'es-tu pas Dieu dans les cieux, et n'est-ce pas toi qui domines sur tous les royaumes des nations ? N'est-ce pas toi qui as en main la force et la puissance, et à qui nul ne peut résister? » (versets 5 et 6).

C'était un excellent début de prière. Il commence par reconnaître le Dieu du ciel. De même, la prière modèle commence par: « Notre Père qui es dans le ciel » qu'est-ce que cela signifie? Que Dieu, comme Dieu du ciel, est le Créateur. Cela entraîne la reconnaissance de sa puissance au-dessus de tous les royaumes du monde et de toutes les puissances des ténèbres ; le fait d'être au ciel, d'être le Créateur, montre que dans sa main résident la puissance et la force, de sorte que personne ne peut lui résister. C'est pourquoi l'homme qui peut commencer sa prière à l'heure du besoin, par une telle reconnaissance de la puissance de Dieu, a déjà la victoire de son côté. Notez que Josaphat, non seulement déclara sa foi dans la merveilleuse puissance de Dieu, mais il réclama la force de Dieu comme étant la sienne, en disant : « N'est-ce pas notre Dieu? » Il remplit la condition requise de l'Ecriture: « Celui qui s'approche de Dieu, doit croire qu'il existe, et qu'il est le rémunérateur de ceux qui le cherchent avec application » (Hébreux 11 :6).

Alors, Josaphat continua à raconter comment le Seigneur les avait établis dans ce pays, et comment, bien qu'il ne leur ait pas permis d'envahir Moab et Ammon, ces nations étaient venues pour les chasser hors de la terre que Dieu leur avait donnée pour héritage (versets 7-11). Puis, il termina «O notre Dieu, n'exerceras-tu pas tes jugements sur eux? Car nous sommes sans force devant cette multitude nombreuse qui s'avance contre nous, et nous ne savons que faire, mais nos yeux sont sur toi » (verset 12). « Eternel, toi seul peux venir en aide au faible comme au fort » (2 Chroniques 14:10). «Car l'Eternel étend ses regards sur toute la terre, pour soutenir ceux dont le coeur est tout entier à lui » (2 Chroniques 16 :9), et ceux qui sont dans le besoin feraient bien de se confier qu'en Lui seul. La position de Josaphat et de son peuple s'harmonisait avec l'ordre donné par l'apôtre: « regardant à Jésus, le chef et le consommateur de la foi » (Hébreux 12 :2). Il est le commencement et la fin, et tout pouvoir dans le ciel et sur la terre est entre ses mains.

Or, quel en fut le résultat? Le prophète du Seigneur vint avec la puissance du Saint-Esprit, « Et Jachaziel dit : Soyez attentifs, tout Juda et habitants de Jérusalem, et toi, roi Josaphat ! Ainsi vous parle l'Eternel: Ne craignez point et ne vous effrayez point devant cette multitude nombreuse, car ce ne sera pas vous qui combattrez, ce sera Dieu. » (2 Chroniques 20 :15). Puis, vient l'ordre d'avancer dès le matin pour aller à la rencontre de l'ennemi, et pour assister à la délivrance opérée par le Seigneur, car il serait avec son peuple.

Voici maintenant la partie la plus importante :

« Le lendemain, ils se mirent en marche de grand matin pour le désert de Tekoa. A leur départ, Josaphat se présenta et dit : Ecoutez-moi, Juda et habitants de Jérusalem ! Confiez-vous en l'Eternel, votre Dieu, et vous serez affermis ; confiez-vous en ses prophètes, et vous réussirez. Puis, d'accord avec le peuple, il nomma des chantres qui, revêtus d'ornements sacrés, et marchant devant l'armée, célébraient l'Eternel et disaient : Louez l'Eternel, car sa miséricorde dure à toujours ! » (2 Chroniques 20 :20-21).

Quelle étrange façon d'aller au combat! Peu d'armées ont été à la bataille avec une telle avant-garde. Quel en fut le résultat?

« Au moment où l'on commençait les chants et les louanges, l'Eternel plaça une embuscade contre les fils d'Ammon et de Moab et ceux de la montagne de Séir, qui étaient venus contre Juda. Et ils furent battus. Les fils d'Ammon et de Moab se jetèrent sur les habitants de la montagne de Séir pour les dévouer par interdit et les exterminer ; et quand ils en eurent fini avec les habitants de Séir, ils s'aidèrent les uns les autres à se détruire. Lorsque Juda fut arrivé sur la hauteur d'où l'on aperçoit le désert, ils regardèrent du côté de la multitude, et voici, c'étaient des cadavres étendus à terre, et personne n'avait échappé » (2 Chroniques 20 :22-24).

S'il y a eu peu d'armées qui soient allées à la bataille avec une telle avant-garde, comme le fit l'armée de Josaphat, il est également certain que peu d'armées ont été récompensées par une victoire aussi remarquable. Et il ne peut pas être déplacé d'étudier un peu la philosophie de la victoire par la foi, comme elle est illustrée dans cet exemple. Quand l'ennemi, confiant de sa supériorité numériques, entendit les Israélites venir le matin, en chantant et en criant, qu'en a-t-il conclu ? Que les Israélites avaient reçu des renforts et qu'ils étaient si forts qu'il serait inutile de les affronter. Ils furent pris de panique et chacun perçu son voisin comme un ennemi.

N'était-il pas exacte qu'Israël avait reçu du renfort? En effet, car le récit dit: « Au moment où l'on commençait les chants et les louanges, l'Eternel plaça une embuscade contre les fils d'Ammon et de Moab et ceux de la montagne de Séir ». L'armée du Seigneur, en qui Josaphat et son peuple se confièrent, combattit pour eux. Ils reçurent du renfort, et sans aucun doute, si leurs yeux avaient pu s'ouvrir pour les voir, ils auraient vu, comme le serviteur d'Elisée à une certaine occasion, que ceux qui étaient avec eux étaient beaucoup plus nombreux que leurs ennemis.

Mais le point a souligner, est que le Seigneur dressa l'embuscade contre l'ennemi quand Israël commença à chanter et à louer Dieu. Qu'est-ce que ça signifie? Que leur foi était réelle. Il donnèrent autant de crédit à la promesse de Dieu qu'en l'accomplissement de celle-ci. Ainsi, ils crurent au Seigneur, ou plus littéralement, ils édifièrent sur le Seigneur, et ils furent donc affermis. Ils prouvèrent la vérité de ces paroles: « La victoire qui triomphe du monde, c'est notre foi » (1 Jean 5:4).

Maintenant, appliquons cette illustration à un cas de conflit avec le péché. Nous sommes puissamment tentés de faire une chose que nous savons être mauvaise. Nous avons souvent vécu la douloureuse expérience de succomber à la force de la tentation, de sorte que nous savons que nous n'avons aucun pouvoir pour la vaincre. Mais maintenant nos yeux sont fixés sur le Seigneur, qui nous invite à venir en toute confiance au trône de la grâce, pour obtenir miséricorde au moment du besoin. Ainsi, nous commençons à prier Dieu pour avoir du secours. Et nous prions le Dieu que la Bible nous présente comme le Créateur du ciel et de la terre. Nous commençons, non par une triste déclaration de notre faiblesse, mais par une joyeuse reconnaissance du grand pouvoir de Dieu. Ceci dit, nous pouvons nous aventurer à exprimer notre difficulté et notre faiblesse. Si nous faisons connaître notre faiblesse et notre situation décourageante en premier lieu, nous nous plaçons avant Dieu. Dans ce cas, Satan grossira la difficulté et jettera ses ténèbres autour de nous, de sorte que nous ne pourrons rien voir d'autre que notre faiblesse, et bien que nos cris et nos prières puissent être fervents et angoissés, ils seront vains, parce qu'ils manqueront de l'élément essentiel : à savoir, croire que Dieu existe, et qu'il est tout ce qu'il a révélé qu'il était. Mais quand nous commençons par la reconnaissance du pouvoir de Dieu, alors nous pouvons déclarer notre faiblesse sans courir aucun risque, parce que nous plaçons simplement notre faiblesse du côté de sa puissance, et ce contraste fait naître le courage.

Alors, quand nous prions, le Saint-Esprit amène à notre conscience la promesse de Dieu. Il se peut que nous ne souvenions d'aucune promesse spéciale qui corresponde exactement à la situation ; mais nous pouvons nous rappeler que : « C'est une parole certaine et entièrement digne d'être reçue, que Jésus-Christ est venu dans le monde pour sauver les pécheurs » (1 Timothée 1 :15) et qu'il « s'est donné lui-même pour nos péchés, afin de nous arracher du présent siècle mauvais, selon la volonté de notre Dieu et Père » (Galates 1 :4) ; et nous pouvons savoir que ceci englobe toutes les promesses, car « lui, qui n'a point épargné son propre Fils, mais qui l'a livré pour nous tous, comment ne nous donnera-t-il pas aussi toutes choses avec lui ? » (Romains 8 :32).

Alors, nous nous souvenons que Dieu peut parler des choses qui n'existent pas, comme si elles existaient. C'est-à-dire que si Dieu fait une promesse, elle est aussi certaine que si elle était accomplie. Ainsi, sachant que notre délivrance du mal et en accord à la volonté de Dieu (Galates 1 :4), nous considérons déjà la victoire comme nous appartenant, et nous commençons à remercier Dieu pour ses « très grandes et précieuses promesses ». Tandis que notre foi se saisit de ces promesses et les rend réelles, nous ne pouvons pas nous empêcher de louer Dieu pour son amour merveilleux ; et alors que nous faisons cela, notre esprit est complètement éloigné du mal, et la victoire est à nous. Le Seigneur dresse des embuscades contre l'ennemi. Notre attitude de louange montre à Satan que nous avons reçu du renfort ; et comme il connaît la puissance de l'aide qui nous est accordée, il sait qu'il ne peut rien faire à cette occasion, et donc il nous fuie. Ceci illustre la force de l'ordre de l'apôtre :

« Ne vous inquiétez de rien ; mais en toute chose faites connaître vos besoins à Dieu par des prières et des supplications, avec des actions de grâces » (Philippiens 4 :6).

Chapitre 13— Esclaves et hommes libres

La puissance de la foi apportant la victoire peut se démontrer avec une autre série de textes de l'Ecriture, qui sont extrêmement pratiques. En premier lieu, il nous faut comprendre que le pécheur est un esclave. Christ a dit: « Quiconque se livre au péché est esclave du péché » (Jean 8 :34). Paul dit aussi, en se plaçant à la place d'un homme non régénéré : « Nous savons, en effet, que la loi est spirituelle ; mais moi, je suis charnel, vendu au péché » (Romain 7 :14). Un homme vendu est un esclave ; ainsi, celui qui se vend au péché est un esclave du péché. Pierre mentionne le même fait quand, parlant des faux maîtres corrompus, il dit : « Ils leur promettent la liberté, quand ils sont eux-mêmes esclaves de la corruption, car chacun est esclave de ce qui a triomphé de lui » (2 Pierre 2 :19).

La caractéristique prédominante de l'esclave, c'est qu'il ne peut pas faire comme il veut, mais qu'il est tenu d'accomplir la volonté d'un autre, aussi odieuse qu'elle soit. Paul prouve ainsi la vérité selon laquelle, en tant qu'homme charnel, il fut esclave du péché : « Car je ne sais pas ce que je fais : je ne fais point ce que je veux, et je fais ce que je hais ... Et maintenant, ce n'est plus moi qui le fais, mais c'est le péché qui habite en moi. Ce qui est bon, je le sais, n'habite pas en moi, c'est-à-dire dans ma chair ; j'ai la volonté, mais non le pouvoir de faire le bien. Car je ne fais pas le bien que je veux, et je fais le mal que je ne veux pas » (Romains 7 :15, 17-19).

Le fait que le péché gouverne, prouve qu'un homme est un esclave; et bien que tous ceux qui commettent un péché soient des esclaves du péché, l'esclavage devient insupportable quand le pécheur a eu un aperçu de la liberté. Il la désire, et cependant qu'il ne peut pas briser les chaînes qui le lient au péché. L'impossibilité pour l'homme non régénéré de faire le bien qu'il aimerait faire a déjà été indiquée par Romains 8 :7, 8 et Galates 5 :17.

Combien de personnes ont expérimenté la véracité de ces textes dans leur propre vie. Combien ont pris résolution après résolution, et cependant leurs plus sincères décisions se sont révélées être, face à la tentation, aussi mouvantes que de l'eau. Ils se sont trouvés sans forces, et ils ne surent que faire. Malheureusement, leurs yeux étaient plus fixés sur eux-mêmes et sur l'ennemi que sur Dieu. Leur expérience était celle d'une bataille continue contre le péché, c'est vrai, mais elle était aussi celle d'une défaite constante.

Appelez-vous cela une véritable expérience chrétienne? Il y en a qui s'imaginent que c'est cela. Alors, pourquoi l'apôtre, l'angoisse dans l'âme, s'écria-t-il: « Misérable que je suis! Qui me délivrera de ce corps de mort » (Romains 7 :24). Un vrai chrétien fait-il l'expérience si terrible d'un corps de mort, que son âme est contrainte de crier pour être délivré ? Non, en vérité.

Or, qui est-ce qui, en réponse à cet appel fervent, se manifeste comme libérateur? L'apôtre dit: « Je loue Dieu par Jésus-Christ notre Seigneur ». Ailleurs, il dit de Christ:

« Ainsi donc, puisque le enfants participent au sang et à la chair, il y a également participé lui-même, afin que, par sa mort, il anéantît celui qui a la puissance de la mort, c'est-à-dire le diable, et qu'il délivrât tous ceux qui, par crainte de la mort, étaient toute leur vie retenus dans la servitude » (Hébreux 2 :14, 15).

Christ proclama sa propre mission de cette façon: « L'esprit du Seigneur, l'Eternel est sur moi, car l'Eternel m'a oint pour porter de bonnes nouvelles aux malheureux ; il m'a envoyé pour guérir ceux qui ont le coeur brisé, pour proclamer aux captifs la liberté, et aux prisonniers la délivrance » (Esaïe 61 :1).

On a déjà montré ce que sont cet esclavage et cette captivité. C'est la servitude du péché –l'esclavage d'être obligé de pécher, même contre notre volonté, par la puissance des propensions et des mauvaises habitudes héritées et acquises. Le Christ nous délivre-t-il d'une véritable expérience chrétienne? Pas du tout. Alors, l'esclavage du péché dont l'apôtre se plaint dans le septième chapitre de l'épître aux Romains, n'est pas l'expérience d'un enfant de Dieu, mais celle d'un serviteur du péché. C'est pour délivrer les hommes de cette captivité que Christ vint; non pour nous délivrer durant cette vie, des batailles et des luttes, mais de la défaite ; pour nous rendre capables d'être forts dans le Seigneur et dans la puissance de sa force, afin que nous puissions rendre grâce au Père « qui nous a délivrés de la puissance des ténèbres et nous a transportés dans le royaume de son cher fils », par le sang duquel nous avons la rédemption.

Comment s'effectue cette délivrance? Par le Fils de Dieu. Christ dit: « Si vous demeurez dans ma parole, vous êtes vraiment mes disciples; vous connaîtrez la vérité, et la vérité vous affranchira. Si donc le Fils vous affranchit, vous serez réellement libres » (Jean 8 :31, 32,

36). Cette liberté appartient à tous ceux qui croient ; car à ceux qui croient en son nom, il donne le « pouvoir de devenir fils de Dieu ». La liberté à l'égard de la condamnation est accordée à ceux qui sont en Jésus-Christ (Romains 8 :1) ; et nous revêtons Christ par la foi (Galates 3 :26, 27). C'est par la foi que Christ demeure dans notre coeur.

Chapitre 14— Illustrations pratiques de la délivrance de l'esclavage

Maintenant, approfondissons quelques illustrations au sujet de la puissance de la foi pour délivrer de l'esclavage. Lisons Luc 13 :10-17 : « Jésus enseignait dans une des synagogues, le jour du Sabbat. Et voici, il y avait là une femme possédée d'un esprit qui la rendait infirme depuis dix-huit ans ; elle était courbée, et ne pouvait aucunement se redresser. Lorsqu'il la vit, Jésus lui adressa la parole, et lui dit : Femme, tu es délivrée de ton infirmité. Et il lui imposa les mains. A cet instant elle se redressa, et glorifia Dieu. Mais le chef de la synagogue, indigné de ce que Jésus avait opéré cette guérison un jour de Sabbat, dit à la foule : il y a six jours pour travailler ; venez donc vous faire guérir ces jour-là, et nom pas le jour du Sabbat. Hypocrites ! lui répondit le Seigneur, est-ce que chacun de vous, le jour du Sabbat, ne détache pas de la crèche son boeuf ou son âne, pour le mener boire ? Et cette femme, qui est une fille d'Abraham, et que Satan tenait liée depuis dix-huit ans, ne fallait-il pas la délivrer de cette chaîne le jour du Sabbat ? Tandis qu'il parlait ainsi tous ses adversaires étaient confus, et la foule se réjouissait de toutes les choses glorieuses qu'il faisait. »

Oublions la critique du chef hypocrite, et considérons le miracle. La femme était esclave ; nous avons été, par crainte de la mort, durant toute notre vie sujet à l'esclavage. Satan avait asservi cette femme ; Satan a aussi posé des pièges sous nos pieds, et nous a conduits en captivité. Elle ne pouvait d'aucune façon se libérer elle-même ; nos iniquités nous ont saisis, de sorte que nous sommes incapables de regarder en haut (Psaume 40 :12). Avec une parole et un contact, Jésus libéra la femme de ses infirmités ; nous avons le même souverain sacrificateur, maintenant dans les cieux, qui est touché par le sentiment de nos infirmités, et la même parole nous délivrera du mal.

Dans quel but les miracles de guérison accomplis par Jésus, ont-ils été racontés ? Jean nous le dit: Ce ne fut pas simplement pour démontrer qu'il peut guérir la maladie, mais pour montrer son pouvoir sur le péché. Voir Matthieu 9 :2-8. Jean dit :

« Jésus a fait en présence de ses disciples beaucoup d'autres miracles qui ne sont pas rapportés dans ce livre. Mais ces choses ont été écrites afin que vous croyiez que Jésus est le Christ, le Fils de Dieu, et qu'en croyant, vous ayez la vie par son nom » (Jean 20 : 30, 31).

Ainsi, nous voyons qu'ils furent rapportés simplement comme des illustrations de l'amour de Christ, de sa disposition à guérir, et de son pouvoir sur les oeuvres de Satan, que ce soit dans le corps ou dans l'âme. Un miracle de plus suffira : c'est celui qui est rapporté dans le troisième chapitre des Actes. Je demande au lecteur de le lire attentivement dans sa Bible, car je n'en donnerai pas les détails ici.

Pierre et Jean virent à la porte du temple un homme de plus de quarante ans, qui était boiteux de naissance. Il ne savait pas ce que c'était que de marcher. Il mendiait, et Pierre se sentit poussé par l'Esprit à lui donner quelque chose de meilleur que de l'argent ou de l'or. Il lui dit: « Au nom de Jésus-Christ de Nazareth, lève-toi et marche! Et le prenant par la main droite, il le fit lever. Au même instant, ses pieds et ses chevilles devinrent fermes; d'un saut il fut debout, et il se mit à marcher. Il entra dans le temple, marchant, sautant, et louant Dieu » (Actes 3 :6-8).

Ce miracle remarquable réalisé en faveur de quelqu'un que tous connaissaient, causa une grande agitation parmi le peuple ; et quand Pierre vit leur étonnement, il leur expliqua comment le miracle avait eu lieu:

« Hommes Israélites, pourquoi vous étonnez-vous de cela ? Pourquoi avez-vous les regards fixés sur nous, comme si nous eussions fait marcher cet homme ? Le Dieu d'Abraham, d'Isaac et de Jacob, le Dieu de vos pères, a glorifié son serviteur Jésus, que vous avez livré... Vous avez fait mourir le prince de la vie, que Dieu a ressuscité des morts ; nous en sommes témoins. C'est par la foi en son nom que son nom a raffermi celui que vous voyez et connaissez ; c'est la foi en lui qui a donné à cet homme cette entière guérison, en présence de vous tous » (Actes 3 :12-16).

Maintenant, faisons l'application pratique. « L'homme était boiteux de naissance », incapable de s'occuper de lui-même. Comme il désirait marcher! mais il ne le pouvait pas. Nous pouvons tous dire également avec David: « Voici, je suis né dans l'iniquité, et ma mère m'a conçu dans le péché » (Psaume 51 :7). En conséquence, nous sommes par nature si faibles que nous ne pouvons pas faire les choses que nous voudrions. Comme chaque année de la vie de cet homme augmentait son incapacité à marcher, par l'augmentation du poids de son corps sans que ses jambes ne reçussent plus de force, de même l'habitude cultivée du péché, quand nous prenons de l'âge, renforce son pouvoir sur nous. Pour cet homme, marcher était une impossibilité absolue; cependant, le nom de Christ, par la foi en Lui, lui donna une santé parfaite et la délivrance de son infirmité. Nous aussi, par la foi qui vient de Lui, nous pouvons être guéris et rendus capables de faire ce qui jusque là était impossible. Car les choses qui sont impossibles pour l'homme sont possibles pour Dieu. Il est le Créateur. « A ceux qui n'ont pas de puissance, il augmente la force ». Les héros du passé mettent en relief une des merveilles de la foi: c'est que par elle, ils «devinrent forts, de faibles qu'ils étaient ».

Ces exemples, nous montrent comment Dieu délivre de l'esclavage ceux qui se confient en Lui. Maintenant, considérons la façon de conserver cette liberté.

Nous avons vu que, par nature, nous sommes tous esclaves du péché et de Satan, et que dès que nous nous soumettons à Christ, nous sommes délivrés du pouvoir de Satan. Paul dit: « Ne savez-vous pas qu'en vous livrant à quelqu'un comme esclaves pour lui obéir, vous êtes esclaves de celui à qui vous obéissez, soit du péché qui conduit à la mort, soit de l'obéissance qui conduit à la justice ? » (Romains 6 :16). Ainsi donc, dès que nous sommes libérés de l'esclavage du péché, nous devenons les serviteurs de Christ. En effet, l'acte même qui nous délivre de la puissance du péché, en réponse à notre foi, prouve que Dieu nous accepte comme ses serviteurs. Nous devenons, pour ainsi dire, les esclaves de Christ; mais celui qui est esclave du Seigneur est un homme libre, car nous sommes appelés à être libérés (Galates 5 :13), et là où est l'Esprit du Seigneur, là est la liberté (2 Corinthiens 3 :17).

Et alors, le conflit réapparaît. Satan n'est pas disposé à renoncer à son esclave. Il vient, armé du fouet de la tentation féroce pour nous soumettre à nouveau à son service. Nous savons, par triste expérience, qu'il est plus puissant que nous, et que sans aide, nous ne pouvons pas lui résister. Mais nous redoutons son pouvoir, et nous crions au secours. Alors, nous nous rappelons que nous ne sommes plus les serviteurs de Satan. Nous nous sommes soumis à Dieu, et par conséquent, il nous a acceptés comme ses serviteurs. Donc, nous pouvons dire avec le Psalmiste: « O Eternel! Je suis ton serviteur, ton serviteur, fils de ta servante. Tu as détaché mes liens » (Psaume 116 :16). Mais le fait que Dieu a délié les liens que Satan avait lancés sur nous, -et il l'a fait, si nous croyons qu'il l'a fait- est la garantie que Dieu nous protégera, car il prend soin des siens, et nous avons l'assurance « que celui qui a commencé en nous cette bonne oeuvre la rendra parfaite pour le jour de Jésus-Christ » (Philippiens 1 :6). Et grâce à cette confiance, nous sommes forts pour résister.

Si nous nous sommes abandonnés au service de Dieu, nous sommes ses serviteurs, autrement dit, nous sommes des instruments de justice entre ses mains. (Lire Romains 6 :13-16). Nous ne sommes pas des instruments sans vie, inertes, sans connaissance, comme ceux qu'utilise l'agriculteur, qui ne savent pas comment ils devront être utilisés, mais nous sommes des instruments vivants et intelligents, qui ont la possibilité de choisir leur tâche. Néanmoins, le mot « instrument » veut dire outil, -quelque chose qui est entièrement sous le contrôle de l'artisan. La différence entre nous et les outils de l'ouvrier, c'est que nous pouvons choisir qui nous utilisera, et à quel genre de service nous serons employé ; mais, une fois que nous nous sommes décidés, nous devons nous livrés aussi complètement entre ses mains que l'outil, qui n'objecte pas sur la façon dont il sera utilisé. Quand nous nous soumettons à Dieu, nous devons être entre ses mains comme l'argile entre les mains du potier, afin qu'il puisse faire de nous ce qui lui plaît. Notre volonté réside dans le fait de choisir si oui ou non, nous le laisserons accomplir en nous ce qui est bien.

Ce concept d'être des instruments dans les mains de Dieu, est une aide merveilleuse pour la victoire de la foi s'il est compris dans sa plénitude. Notez que ce qu'un instrument fera dépend entièrement de la personne entre les mains de laquelle il se trouve. Prenons comme exemple une matrice; elle est assez inoffensive en elle-même, cependant, elle peut être utilisée pour les pires desseins, aussi bien que pour ce qui est utile. Entre les mains d'une personne sans scrupules, elle peut être employée pour faire de la fausse monnaie. C'est certainement un but déplorable. Mais, si elle tombe entre les mains d'un homme droit et vertueux, elle ne pourra absolument pas faire du mal. De même, quand nous étions les serviteurs de Satan, nous ne faisions rien de bon (Romains 6 :20), mais maintenant que nous nous sommes livrés entre les mains de Dieu, nous savons qu'il n'y a pas d'injustice en Lui, et donc, un instrument entre ses mains ne peut pas être employé dans un mauvais but. La soumission à Dieu doit être aussi complète qu'elle l'était autrefois à Satan, car l'apôtre dit :

« Je parle à la manière des homme, à cause de la faiblesse de votre chair. De même donc que vous avez livré vos membres comme esclaves à l'impureté et à l'iniquité, ainsi maintenant livrez vos membres comme esclaves à la justice, pour arriver à la sainteté » (Romains 6 :19).

Tout le secret de la victoire, repose d'abord sur la soumission complète à Dieu, avec le désir sincère de faire sa volonté, ensuite, sur le fait de savoir que, grâce à notre soumission, il nous accepte comme ses serviteurs ; et puis maintenir cet abandon à Lui, et rester entre ses mains. Souvent, nous obtiendrons la victoire en répétant simplement et avec persistance cette prière : « O Seigneur, vraiment je suis ton serviteur; je suis ton serviteur, et le fils de ta servante; tu as détaché mes chaînes ». C'est simplement une façon énergique de dire: « O Seigneur, je me suis abandonné entre tes mains comme un instrument de justice; que ta volonté soit faite, et non les exigences de la chair ». Mais quand nous pouvons comprendre la force de ces textes, et sentir vraiment que nous sommes les serviteurs de Dieu, immédiatement, apparaîtra la pensée : « Si je suis vraiment un instrument entre les mains de Dieu, il ne peut pas m'utiliser pour faire le mal, ni me permettre de faire le mal tant que je demeure entre ses mains. C'est Lui qui devra me protéger parce que je ne peux pas le faire moi-même. Mais il veut le faire, car il a montré son désir et aussi sa puissance pour mener à bien son dessein, en se donnant lui-même pour moi. Par conséquent, il me gardera de tout mal ». Toutes ces pensées peuvent traverser notre esprit instantanément; et elles doivent être nécessairement accompagnées du sentiment de joie d'avoir été gardés loin du mal redouté. Cette joie, s'exprime naturellement par des actions de grâce à Dieu, et pendant que nous remercions Dieu, l'ennemi se retire avec sa tentation, et la paix de Dieu remplit le coeur. Alors, nous découvrons que la joie de croire surpasse de loin tout le plaisir que peut offrir l'indulgence du péché.

Tout ceci est une démonstration des paroles de Paul: « Anéantissons-nous donc la loi par la foi? Loin de là! Au contraire, nous confirmons la loi » (Romains 3 :31). « Anéantir la loi » n'est pas l'abolir ; car aucun homme ne peut abolir la loi de Dieu ; cependant le Psalmiste dit qu'elle a été transgressée (Psaumes 119 :126). Invalider la loi de Dieu, c'est plus que de prétendre qu'elle est sans importance ; c'est démontrer par sa vie qu'on la considère comme sans importance. Un homme annule la loi de Dieu quand il ne lui permet pas d'avoir de la puissance dans sa vie. En résumé, annuler la loi de Dieu, c'est la violer ; mais la loi elle-même demeure la même, qu'elle soit gardée ou non. Le fait de l'annuler affecte seulement l'individu, pas la loi.

Par conséquent, quand l'apôtre dit que nous n'annulons pas la loi de Dieu par la foi, mais que, au contraire, nous la confirmons, il veut dire que la foi ne conduit pas à la violation de la loi, mais à son obéissance. En fait, nous ne devons pas dire que la foi conduit à l'obéissance, mais que la foi elle-même obéit ! La foi établit la loi dans le coeur. « La foi est l'essentiel des choses qu'on espère ». Si la chose espérée est la justice, la foi l'établit. Au lieu de la foi conduisant à l'antinomianisme, c'est le contraire qui se produit. Peu importe combien une personne se glorifie de la loi de Dieu; si elle rejette ou ignore la foi inconditionnelle en Christ, elle n'est pas en meilleure situation que l'homme qui attaque ouvertement la loi. L'homme de foi est le seul qui honore vraiment la loi de Dieu. Sans la foi, il est impossible de plaire à Dieu (Hébreux 11 :6) ; avec elle, toutes choses sont possibles (Marc 9 :23).

Oui, la loi réalise l'impossible, et c'est justement ce que Dieu nous demande. Quand Josué dit à Israël, « vous ne pouvez pas servir le Seigneur », il dit la vérité. Cependant, c'était un fait que Dieu leur demandait qu'ils le servissent. Il n'y a pas dans l'homme la puissance pour faire ce qui est juste, même s'il le veut (Galates 5 :17); par conséquent, c'est une erreur de dire que tout ce que Dieu veut c'est que nous fassions le mieux que nous pouvons. Celui qui ne fait pas mieux que cela, n'accomplira jamais les oeuvres de Dieu. Non, nous devons faire mieux que ce que nous pouvons faire. Il doit faire ce que seul la puissance de Dieu, agissant en nous peut faire. Il est impossible à l'homme de marcher sur l'eau, cependant, Pierre l'a fait quand il exerça sa foi en Jésus.

Puisque tout pouvoir dans le ciel et sur la terre est dans les mains de Christ, et que cette puissance est mise à notre disposition, par Christ lui-même venant habiter dans le coeur par la foi, il n'y a pas de raison de reprocher à Dieu de nous demander de faire l'impossible ; car «les choses qui sont impossibles aux hommes, sont possibles à Dieu » (Luc 28 :27).

Par conséquent, nous pouvons dire hardiment : « le Seigneur est mon aide, je ne craindrai rien ; que peut me faire un homme » (Hébreux 13 :6).

Alors : « Qui nous séparera de l'amour de Christ? Sera-ce la tribulation, ou l'angoisse, ou la persécution, ou la faim, ou la nudité, ou le péril, ou l'épée ? ... Mais dans toutes ces choses nous sommes plus que vainqueurs par celui qui nous a aimés. Car j'ai l'assurance que ni la mort ni la vie, ni les anges ni les dominations, ni les choses présentes ni les choses à venir, ni les puissances, ni la hauteur ni la profondeur, ni aucune autre créature ne pourra nous séparer de l'amour de Dieu manifesté en Jésus-Christ notre Seigneur » (Romains 8 : 35, 37-39).

Livres sur 1888 en Préparation

1. L'alliance éternelle, Ellet J. Waggoner.
2. L'Évangile dans le livre de Galates, Ellet J. Waggoner.
3. La Bonne Nouvelle dans l'épître aux Galates, Ellet J. Waggoner.
4. Lettres aux Romains, Ellet J. Waggoner.
5. Notre Bonne Nouvelle quotidienne, Ellet J. Waggoner.
6. Vivre par la foi, Ellet J. Waggoner.
7. Autres Écrits, Ellet J. Waggoner.
8. L'esprit de la papauté, Alonzo T. Jones.
9. La foi vivante, Alonzo T. Jones.
10. La voie consacrée, Alonzo T. Jones.
11. Le message du troisième ange (1893), Alonzo T. Jones.
12. Le message du troisième ange (1895), Alonzo T. Jones.
13. Leçons de foi, Alonzo T. Jones.
14. Autres Écrits, Alonzo T. Jones.
15. 1888 Ré-examiné, Robert Wieland.
16. 1888 : Un bref aperçu de l'histoire et du contenu du message, Robert Wieland.
17. « Aie du zèle et repens-toi », Robert Wieland.
18. Comment dire la Bonne Nouvelle à quelqu'un, Robert Wieland.
19. Éclairée de sa Gloire, Robert Wieland.
20. En quête du trésor de la Foi, Robert Wieland.
21. Galates pour un monde moderne, Robert Wieland.
22. Graines de Vie, Robert Wieland.
23. Je suis confus !, Robert Wieland.
24. Jésus-Christ interpelle encore Laodicée, Robert Wieland.
25. L'Évangile dans l'Apocalypse, Robert Wieland.
26. L'Évangile dans le livre de Daniel, Robert Wieland.
27. La Bonne Nouvelle est meilleure que vous ne le pensez, Robert Wieland.
28. La dame qui répondit « Oui » à Dieu, Robert Wieland.
29. La grâce mise à l'épreuve, Robert Wieland.
30. La prière inversée, Robert Wieland.
31. La repentance corporative de l'Église, Robert Wieland.
32. Le chaînon brisé, Robert Wieland.
33. Le message de 1888, de quoi s'agit-il ?, Robert Wieland.
34. Le mot qui tourna le monde à l'envers, Robert Wieland.
35. Puissance de la Bonne Nouvelle, Robert Wieland.
36. Trois points de vue sur la justification par la foi, Robert Wieland.
37. Un exposé du message de 1888, Robert Wieland.
38. Un mariage sans espoir, Robert Wieland.
39. Un nouveau regard sur la Loi de Dieu, Robert Wieland.
40. Autres Écrits, Robert Wieland.

Pour les commandes de boîtes, il y a une réduction **(40%)** sur le prix Amazon. Vous pouvez nous contacter à l'adresse suivante :

lsdistribution07@gmail.com